MANUEL

DE LA

TÉLÉGRAPHIE ÉLECTRIQUE

A L'USAGE

DES EMPLOYÉS DES CHEMINS DE FER

PAR L. BREGUET

HORLOGER

Constructeur des appareils de l'État,
Membre du Bureau des Longitudes, de la Société philomathique,
De la Société des Ingénieurs civils,
Correspondant de la Société royale des sciences de Liége et de l'Université imp
de Kazan.

—

TROISIÈME ÉDITION

revue, augmentée
et accompagnée de gravures dans le texte.

—

PARIS

VICTOR DALMONT, ÉDITEUR,

Successeur de Carilian-Gœury et V^{or} Dalmont,

LIBRAIRE DES CORPS IMPÉRIAUX DES PONTS ET CHAUSSÉES ET DES MINES.
Quai des Augustins, 49.

—

1856

MANUEL

TÉLÉGRAPHIE ÉLECTRIQUE

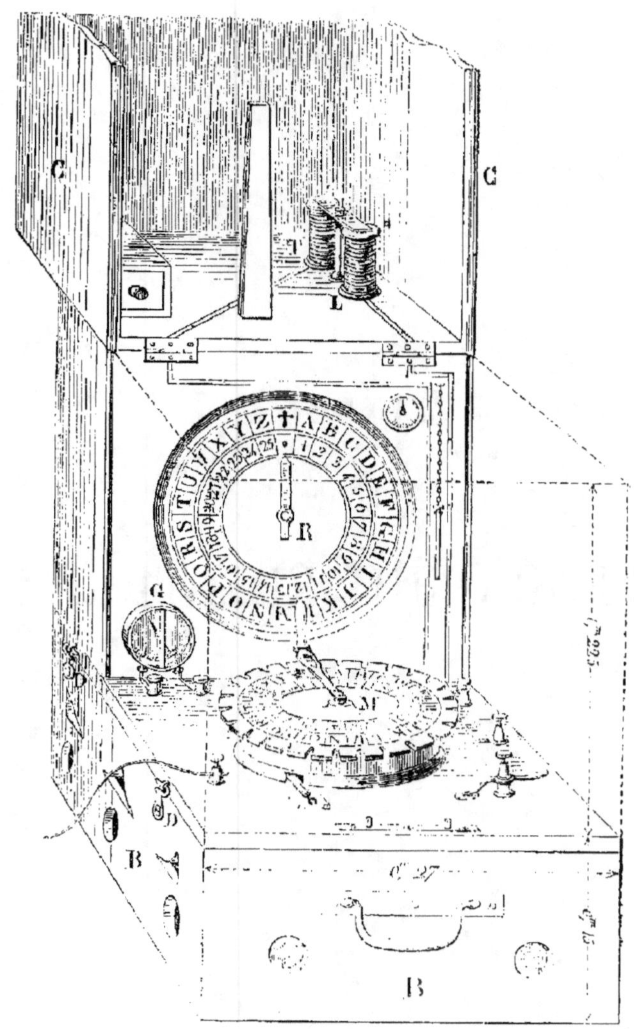

PLANCHE III.

MANUEL

DE LA

TÉLÉGRAPHIE ÉLECTRIQUE

A L'USAGE

DES EMPLOYÉS DES CHEMINS DE FER

PAR L. BREGUET

HORLOGER

Constructeur des appareils de l'État,
Membre du Bureau des Longitudes, de la Société philomathique,
De la Société des Ingénieurs civils,
Correspondant de la Société royale des sciences de Liége et de l'Université impériale
de Kazan.

—

TROISIÈME ÉDITION
revue, augmentée
et accompagnée de gravures dans le texte.

PARIS

VICTOR DALMONT, ÉDITEUR,

Successeur de Carilian-Gœury et V⁰ᵉ Dalmont,

LIBRAIRES DES CORPS IMPÉRIAUX DES PONTS ET CHAUSSÉES ET DES MINES,
Quai des Augustins, 49.

—

1856

TYPOGRAPHIE HENNUYER, RUE DU BOULEVARD, 7, BATIGNOLLES.
Boulevard extérieur de Paris

AVIS DE LA DEUXIÈME ÉDITION.

Malgré mes efforts pour construire des appareils télégraphiques dans les meilleures conditions possibles, ces instruments néanmoins demandent à être traités avec quelque attention : c'est le cas de toutes les machines ; et, quelques fonctions qu'elles soient appelées à remplir, on ne peut les laisser aller seules.

En venant vous prier d'avoir des soins pour mes appareils, il est juste que je vous dise quels sont ces soins, ce que vous avez à faire : c'est donc dans le but de vous donner les instructions nécessaires que j'ai entrepris ce Manuel.

La première édition, rapidement épuisée, ayant je crois, rendu, quelques services, j'ai pensé qu'il serait utile d'en faire une seconde, avec les changements qui m'ont été indiqués par quelques personnes.

On a trouvé généralement que j'avais été trop concis, et qu'il aurait fallu un peu plus de développements dans l'exposé des principes qui servent de base à la télégraphie.

De même, on m'a fait observer qu'il n'y avait pas assez de figures, et que j'aurais dû dire quelques mots des télégraphes en usage à l'étranger.

Ayant senti la justesse de ces observations, j'ai refondu entièrement mon Manuel, en m'étendant davantage sur les principes et les détails de construction des appareils ; car, en effet, pour bien faire une chose, il faut savoir un peu au delà de ce qui est nécessaire. — Aussi le nombre des figures, qui n'était que de 7, passe cette fois le nombre de 30.

Ce nouveau Manuel se trouve divisé en trois parties.

La première est un aperçu théorique.

La seconde comprend la description des appareils que je construis pour les chemins de fer, et de ceux que j'exécute pour l'État.

La troisième contient quelques télégraphes employés à l'étranger.

Et je termine par un exposé succinct de l'installation des lignes électriques.

MANUEL

DE LA

TÉLÉGRAPHIE ÉLECTRIQUE.

PREMIÈRE PARTIE.

APERÇU THÉORIQUE DE LA TÉLÉGRAPHIE.

1. Avant de faire la description des appareils, je dirai quelque mots de la partie scientifique, en donnant un exposé rapide de l'application de l'électricité à la télégraphie.

On appelle, en physique, *électricité* un agent qui échappe à nos sens comme à la délicatesse de nos balances, et dont les propriétés ne nous sont connues que par induction. Les effets de l'électricité sont de deux ordres et essentiellement distincts, suivant qu'elle est en repos ou en mouvement, ce que l'on distingue par l'*électricité statique* et l'*électricité dynamique*.

C'est l'électricité en mouvement dont on se sert dans les appareils de télégraphie; nous ne nous occuperons que de celle-là.

Voici les principales découvertes qui ont servi de base à la télégraphie électrique.

Ces découvertes sont les suivantes :

1° La pile, découverte en 1800, par Volta ;

2° Déviation de l'aiguille aimantée, par Oersted, en 1820 ;

3° Aimantation du fer par un courant électrique, par M. Arago, en 1823 ;

4° Le multiplicateur de Schweiger.

DE LA PILE.

Lorsque l'on plonge dans un liquide convenablement choisi deux plaques de métaux différents, du cuivre et du zinc réunis par un fil métallique, le phénomène qui se produit dans le fil a pris le nom de *courant électrique*.

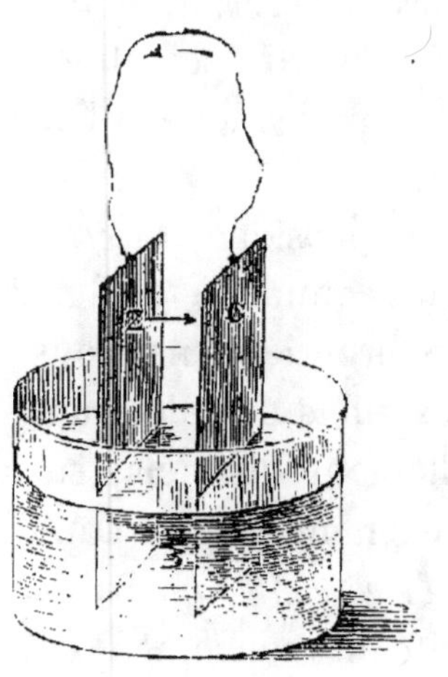

(Fig. 1.)

La plaque de zinc a reçu le nom de *pôle négatif*, et la plaque de cuivre celui de *pôle positif*.

Soient (*fig* 1) une plaque de zinc Z et une plaque de

cuivre C, trempées toutes deux dans le même liquide, par exemple, de l'eau salée, et reliées entre elles par un fil métallique *a b c*; ce fil prend le nom de *conducteur*. Les fils qui apportent le courant des deux pôles de la pile s'appellent aussi *rhéophores*, et l'extrémité de chaque fil *électrode*.

On nomme *circuit* l'ensemble formé par les deux plaques, le liquide et le conducteur. On dit que le circuit est *ouvert*, quand en un point quelconque on a séparé le *conducteur*; et on dit que le circuit est *fermé*, quand il y réunion du conducteur et de la pile dans tous les points du parcours.

Le courant marche toujours dans le liquide du zinc au cuivre, et dans le conducteur du cuivre au zinc, ou, plus généralement, du *pôle négatif* au *pôle positif*, dans le premier cas, et du *pôle positif* au *pôle négatif*, dans le second.

Le principe une fois établi, on a varié les piles de diverses manières, soit par les métaux employés, soit par la nature et la composition du liquide. On a fait des piles à un seul liquide, et d'autres à deux liquides; dans ces dernières, il y en a avec acide et sans acide.

Nous ne parlerons ici que des deux espèces en usage dans la télégraphie française.

PILE BUNSEN.

2. Cette pile (*fig.* 2) est composée d'un vase en verre V, contenant un cylindre de charbon C. Au milieu est un vase poreux P, dans lequel est un cylindre en zinc Z. Le charbon trempe dans de l'acide azotique, et le zinc dans de l'eau acidulée au 12e ou au 20e par de l'acide sulfurique.

Dans cette pile, qui est la plus active de toutes celles connues jusqu'à présent, le charbon est le pôle positif et le zinc le pôle négatif.

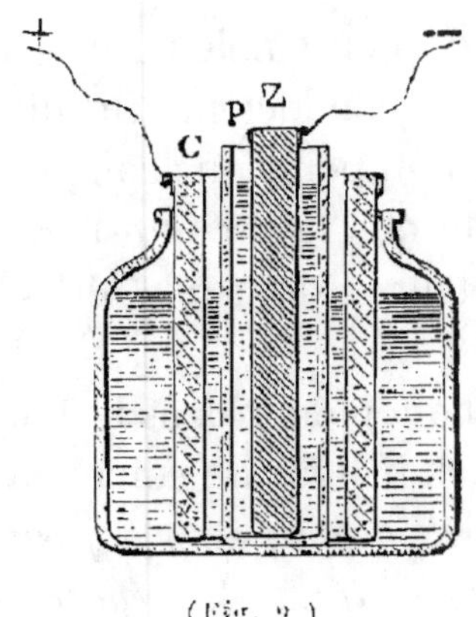

(Fig. 2)

Telle est la forme que lui a donnée l'inventeur, le professeur Bunsen, de Magdebourg.

Depuis, sans rien changer au principe, on lui a donné une forme différente, plus commode pour la pratique. — On prend le charbon qui se dépose dans les cornues où l'on distille la houille ; on en fait des bandes étroites, auxquelles on fixe à la partie supérieure une lame de cuivre qui facilite le moyen de réunir les éléments les uns aux autres. Dans cet arrangement, le charbon entre dans le vase poreux, et le zinc dans le vase de verre, ce qui a l'avantage de donner une action électrique constante d'une plus longue durée, parce que la quantité d'eau acidulée

étant plus considérable, il lui faut un temps plus long
pour être saturée.

PILE DANIELL.

3. Cette pile est beaucoup moins énergique que la précédente, mais elle a l'avantage d'être plus constante, de
demander moins de soins, et d'être d'une très-longue durée au moyen d'un faible entretien.

C'est la pile que nous avons préférée pour l'usage de
nos télégraphes des chemins de fer, après lui avoir fait
subir une légère modification, qui consiste à supprimer
l'acide en le remplaçant par l'eau, que l'on rencontre partout ; son énergie est faible, mais suffisante à cause du peu
de force qu'il faut pour faire fonctionner nos appareils,
puisque 10 à 15 éléments peuvent les faire marcher à 40,
50 et même 75 lieues de distance.

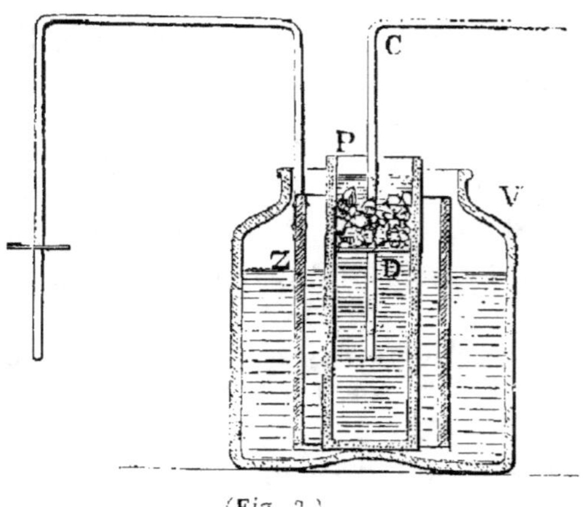

(Fig. 3.)

La figure 3 représente la disposition de la pile Daniell,
telle que nous l'employons sur tous les chemins de fer.

V, vase en verre.

Z, cylindre de zinc.

P, vase cylindrique en terre poreuse.

D, Diaphragme en cuivre fixé à une bande de cuivre soudée au cylindre de zinc ; ce diaphragme plonge dans le vase poreux.

On verse de l'eau dans le vase en verre jusqu'à $0^m,01$ du bord supérieur, on en versera aussi dans le vase poreux, de manière que le niveau de l'eau soit à $0^m.02$ environ au-dessus du diaphragme, sur lequel on mettra 15 à 20 grammes de sulfate de cuivre.

Tout ceci étant fait comme il est dit, la pile sera prête à fonctionner ; toutefois, elle n'aura acquis son intensité entière qu'une heure après, lorsque l'eau sera devenue bleue dans le vase poreux par la dissolution des cristaux de sulfate de cuivre.

Telles sont donc les seules piles usitées en France.

L'administration des lignes télégraphiques emploie les deux systèmes, mais plus généralement la pile à sulfate de cuivre. Par exception, on se sert de la pile Bunsen quand, comme au poste central à Paris, une pile doit pouvoir servir plusieurs lignes à la fois dans le même instant.

PHÉNOMÈNES PRODUITS PAR LA PILE. — DÉCOMPOSITION DE L'EAU.

4. Un élément étant disposé comme nous venons de l'indiquer, si l'on a (*fig.* 4) un vase contenant de l'eau acidulée par de l'acide sulfurique, et que de chacune des plaques zinc et cuivre, ou zinc et charbon, on fasse partir

un fil conducteur F, F' venant aboutir à deux petits fils en
P, P' fixés dans le fond du vase V, après avoir, par deux
petits trous, traversé le fond pour venir se mettre en contact avec l'eau, voici ce que l'on observera :

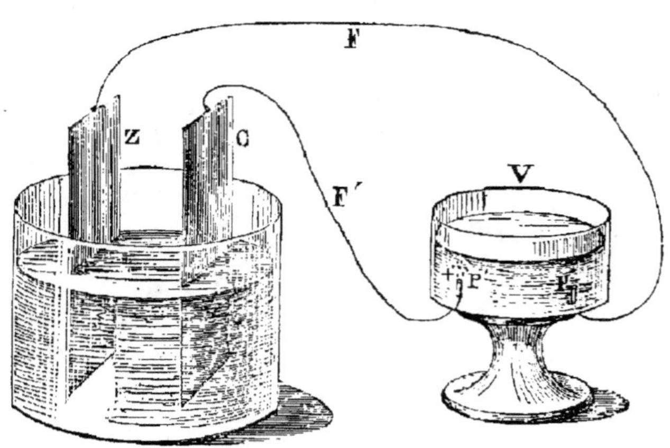

(Fig. 4.)

A l'instant où l'on fermera le circuit, on verra des
bulles de gaz s'élever des deux petites pointes en platine,
mais en bien plus grande quantité sur le fil venant du
zinc que sur celui venant du cuivre ; si la pile est formée
de plusieurs éléments, on aura un torrent de bulles. Le
gaz dégagé au pôle zinc est de l'hydrogène, et c'est de
l'oxygène qui apparaît au pôle cuivre ; c'est-à-dire que
par la pile on décompose l'eau en ses deux éléments con-
stituants.

Le vase où se fait cette décomposition s'appelle un *voltamètre*.

5. La chimie a profité de cette force décomposante pour
opérer la séparation de corps que l'on n'aurait pu ob-

tenir par d'autres moyens. Mais ceci n'étant pas du ressort de cet ouvrage, nous ne devons en parler qu'incidemment ; il nous semblait pourtant indispensable de ne pas passer sous silence un phénomène si remarquable et produit par un instrument que l'on a journellement entre les mains.

DÉVIATION DE L'AIGUILLE AIMANTÉE PAR LE COURANT ÉLECTRIQUE.

6. Tout le monde sait qu'une aiguille aimantée, posée horizontalement sur un pivot vertical, de manière à pou-

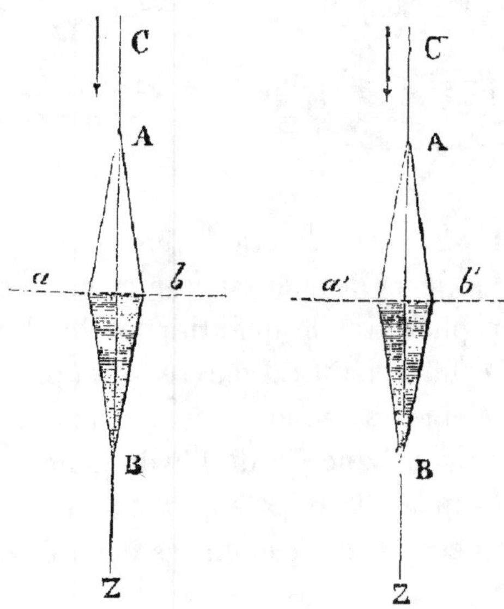

(Fig. 5.)

voir tourner librement autour de son centre, prend une direction pareille à celle du méridien.

L'extrémité dirigée vers le nord s'apppelle le *pôle austral*, et celle tournée vers le sud, le *pôle boréal.*

Oersted observa que, si l'on approche d'une aiguille
ainsi posée le conducteur qui réunit les deux pôles d'une
pile, c'est-à-dire un conducteur dans lequel passe un courant électrique, l'aiguille éprouve un changement de position, ou, en d'autres termes, qu'elle se trouve déviée de
sa position.

7. Soit (*fig.* 5) un fil conducteur reliant les deux pôles
cuivre et zinc d'une pile, et approchons-le d'une aiguille
aimantée ; il se présentera deux cas :

1° Le conducteur passe sur l'aiguille en suivant la direction AB, et, à l'instant où le courant est établi, l'aiguille prend la position *a' b'*.

2° Le fil passe sous l'aiguille, et le courant suit la même
direction que ci-dessus ; quand on ferme le circuit, l'aiguille prend la position *b a*.

Le célèbre Ampère a caractérisé ce phénomène d'une
manière frappante et ingénieuse, en supposant un petit
homme couché sous l'aiguille, et dans la direction du courant qui le traverse *des pieds à la tête.* L'aiguille est déviée
de manière que le pôle austral, celui qui regarde le nord,
se porte toujours vers sa gauche.

Ce phénomène a été la source d'instruments de mesure
pour l'intensité des courants électriques, venant des sources les plus énergiques comme des plus faibles.

Ces instruments portent le nom général de *boussole*, et,
suivant leur forme et leur destination, ceux de *rhéomètre*,

boussole des sinus, boussole des tangentes. Plus loin, nous verrons leur construction, leur usage.

8. Nous avons vu que si le fil conducteur passe sur l'aiguille, elle est déviée dans un certain sens ; s'il passe en dessous, marchant dans la même direction, elle est déviée dans un autre sens. Mais si, passant en dessous, le courant suit une autre marche, l'aiguille déviera dans le même sens.

Si alors un fil droit est traversé par un courant, et qu'on vienne à le plier en deux parties parallèles dans un plan vertical, et placées l'une au-dessus d'une aiguille aimantée, et l'autre au-dessous ; dans ces deux portions de conducteur le courant aura des directions inverses, et d'après ce que nous avons dit, elles tendront toutes deux à faire dévier l'aiguille dans le même sens.

C'est sur ce principe que Schweiger, peu de temps après

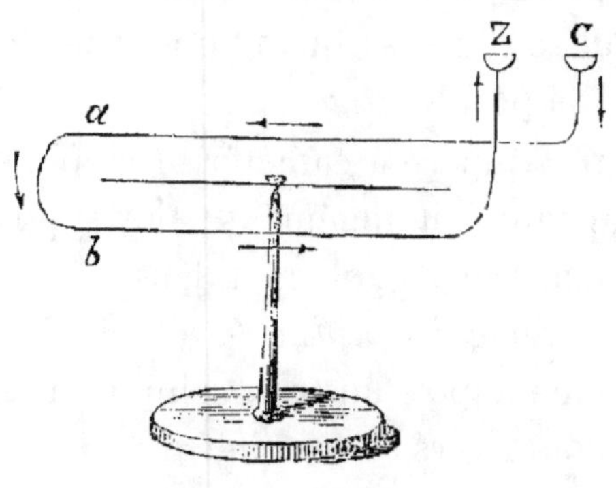

(Fig. 6.)

la découverte d'Oersted, imagina le galvanomètre ou multiplicateur, dont nous expliquons ici la construction.

9. Soit (*fig.* 6) le fil C *a b* Z relié sur lui-même. C et Z

sont deux petites capsules dans lesquelles on met du mer-
cure. Si donc on place dans ces capsules les extrémités
venant des pôles cuivre et zinc d'une pile, on voit que le
courant, suivant la direction des flèches, marche en dessus de C en a, descend de a en b, et ensuite va de b en
Z dans la partie inférieure, et l'aiguille est alors soumise à
l'action de deux forces qui tendent à la faire dévier dans le
même sens. Si l'on faisait faire au fil deux, trois, etc., circonvolutions de suite, on voit que l'on ajouterait chaque
fois deux forces de plus, et par conséquent l'aiguille dévierait davantage; aussi avait-on donné, dès l'origine, le nom
de *multiplicateur* à ce genre de boussole. Mais cette dé-
nomination n'est pas tout à fait exacte, vu qu'en augmentant toujours le nombre de tours, la source électrique restant la même, on allonge en même temps le fil, ce
qui diminue l'intensité du courant, de telle sorte qu'après
avoir vu d'abord l'aiguille accroître ses déviations, on la
voit, en augmentant toujours les tours, peu à peu diminuer; aussi a-t-on changé le nom de *multiplicateur* en
celui de *rhéomètre* ou *mesureur de courant*.

10. Le nombre des tours restant le même, un courant
électrique fait dévier l'aiguille, et d'autant plus que son
énergie ou son intensité est plus grande. Ces déviations
sont mesurées sur un arc de cercle divisé en degrés, et
dont le centre est le même que celui de l'aiguille; cet arc
est placé dessous et très-près de son extrémité. Les divers
mouvements de l'aiguille sont alors indiqués par le chiffre
sur lequel elle s'arrête, qui exprime le nombre de degrés
de l'angle parcouru, en observant que le zéro doit être

placé au point où l'aiguille se fixe naturellement quand aucun courant ne passe.

Cet instrument est déjà très-sensible, mais Nobili a rendu sa sensibilité incomparablement plus grande en employant deux aiguilles, dont l'une est dans l'intérieur du cadre, et l'autre en dehors, près du fil. Les pôles de ces deux aiguilles sont opposés, ce qui détruit en grande partie l'action de la terre, et le système d'aiguilles reste alors soumis presque totalement à l'action du courant (*fig. 7*).

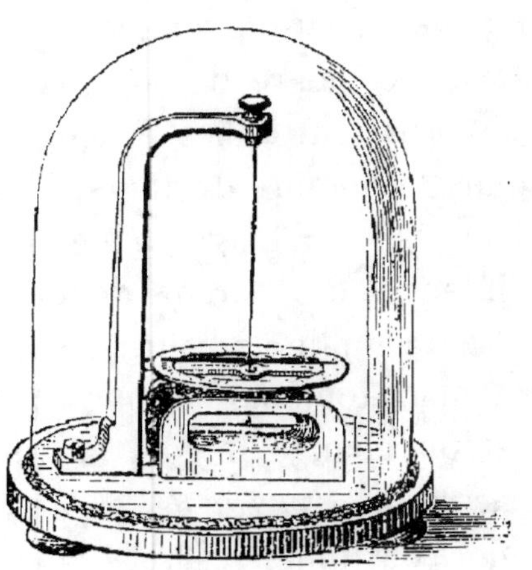

(Fig. 7.)

Les déviations que l'on observe ainsi ne sont pas proportionnelles aux différentes forces des courants, c'est-à-dire qu'une force double, triple, etc., ne donne pas un angle double, triple, etc.; mais on a imaginé un instrument au moyen duquel on peut mesurer exactement le rapport des forces entre elles; ces mesures sont données

par des lignes géométriques appelées sinus. Des tables
toutes faites permettent de lire à vue le sinus d'un angle
que l'on vient d'observer.

11. La boussole dont nous faisons usage sur les chemins
de fer 'nest pas à sinus ; elle est simple. La figure 8 en
donne une représentation exacte.

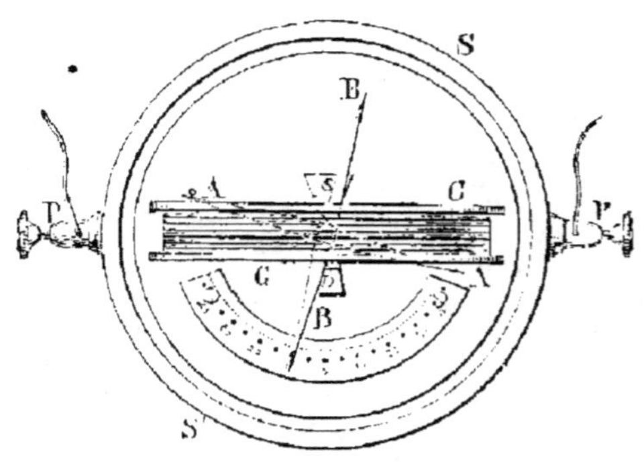

Fig. 8.

S S, socle en bois.

C C, cadre autour duquel est enroulé un fil de cuivre
entouré de soie, faisant 50 à 60 tours.

A A, aiguille aimantée placée dans l'intérieur du cadre,
et portée sur une pointe fine en acier.

B B, aiguille en cuivre fixée rectangulairement sur celle
en acier, et dont l'extrémité indique les degrés de déviation sur un arc métallique gradué de 0° à 40°.

Les extrémités du fil enroulé sur le cadre viennent
aboutir aux boutons ou presses P, P.

C'est au moyen de ces deux presses que l'on intercale

— 20 —

la boussole dans le conducteur qui conduit l'électricité aux appareils.

La boussole étant en place et bien orientée, l'aiguille aimantée doit être dans l'intérieur du cadre, et dirigée parallèlement aux tours du fil, ce dont on s'assure par l'aiguille en cuivre qui, dans ce cas, doit être sur le zéro de l'arc gradué.

Cette boussole, placée dans les stations télégraphiques, indique le passage du courant, par le mouvement qu'il produit dans l'aiguille ; elle indique bien encore si le courant est plus fort ou plus faible un jour qu'un autre, mais elle n'exprime aucun rapport.

12. Celle qui sert à trouver de véritables rapports entre

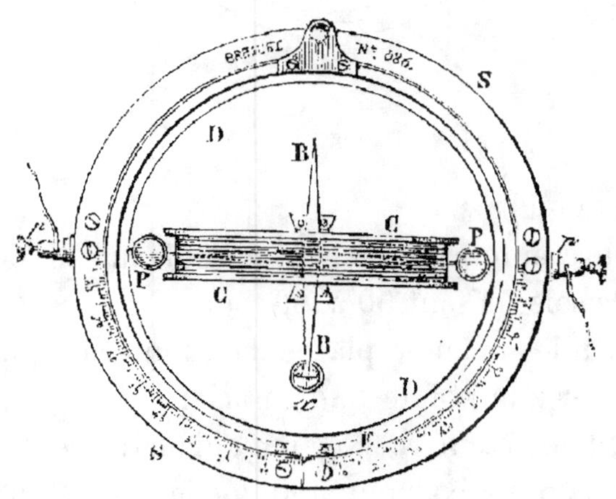

(Fig. 9.)

les différentes forces électriques est la boussole des sinus (*fig. 9*).

Elle est composée des mêmes parties que la précédente, mais de plus le cadre C C est porté sur un disque en bois D D qui est mobile dans l'intérieur du socle et peut tourner autour d'un axe placé à son centre, qui est aussi celui de l'aiguille.

Une petite colonne en cuivre porte deux goupilles entre lesquelles l'aiguille peut faire de petites oscillations ; au-dessous du bout de l'aiguille et sur le milieu de la colonne est fait un trait dirigé vers le centre. C'est un repère sur lequel l'aiguille en cuivre doit être quand l'aiguille aimantée, dans l'intérieur du cadre, est parallèle à la direction des fils.

Sur le bord du socle est un cercle divisé en degrés, et sur le disque mobile au bord est une petite pièce E en cuivre, dont la pointe passe près des divisions. Sur le cadre on peut mettre le nombre de tours que l'on veut, mais habituellement nous n'en mettons que dix.

Le fil du cadre est fixé au bouton P, P, et d'autres fils placés librement dessous le disque mobile vont s'attacher aux presses p, p, où se fixe le conducteur dans lequel on veut intercaler la boussole.

Voici maintenant la manière de se servir de cette boussole.

Quand le fil qui enveloppe le cadre est parcouru par un courant, nous savons, d'après les principes que nous avons exposés précédemment, que l'aiguille est déviée de sa position ; dans cet état, on fait tourner le cadre C C jusqu'à ce que l'extrémité de l'aiguille en cuivre cesse d'appuyer sur l'une des deux goupilles, et qu'elle soit juste sur le repère tracé sur la colonne ; on lit alors la division indiquée par la pointe E, on note l'angle mesuré ; puis, changeant la force du courant par un moyen quelconque, on fait une seconde observation, on lit de la même manière l'arc indiqué. Le rapport des forces de ces deux courants n'est pas celui des arcs observés, mais bien celui des *sinus* des arcs que l'on vient de mesurer. Par exemple, supposons que dans un cas on ait lu 20° 5', et dans l'autre 30°, on cherche alors dans les tables les sinus de ces angles, et l'on trouve devant 20° 5' le nombre 0,35, et devant 30° le nombre 0,5, d'où $\frac{0,50}{0,35}$ exprime le rapport des forces des deux courants.

Dans des recherches qui ne demandent pas une très-grande précision, on peut jusqu'à 15° prendre les arcs proportionnels aux forces, parce que dans cette limite les sinus croissent à peu près comme les arcs ; mais au de là il n'en est plus de même.

DE L'AIMANTATION DU FER.

15. M. Arago ayant enroulé en hélice un fil de cuivre recouvert de soie, de manière à former un cylindre creux, et ayant fait passer un courant dans le fil, remarqua le premier qu'une aiguille d'acier introduite dans le cylindre devenait un aimant *permanent*, et qu'un morceau de fer introduit de la même manière devenait un aimant *tempo-raire*, c'est-à-dire que sa propriété magnétique durait tant que passait le courant, et se perdait quand il cessait.

La déviation de l'aiguille par le courant électrique, l'aimantation du fer doux, ces deux faits sont le point de départ de découvertes remarquables faites en Angleterre, en Allemagne, en Amérique et en France, et qui ont donné la possibilité de faire des télégraphes électriques.

Non-seulement un courant électrique est capable de produire un aimant, mais un aimant peut produire un courant. C'est à Faraday, célèbre physicien anglais, que l'on doit cette découverte.

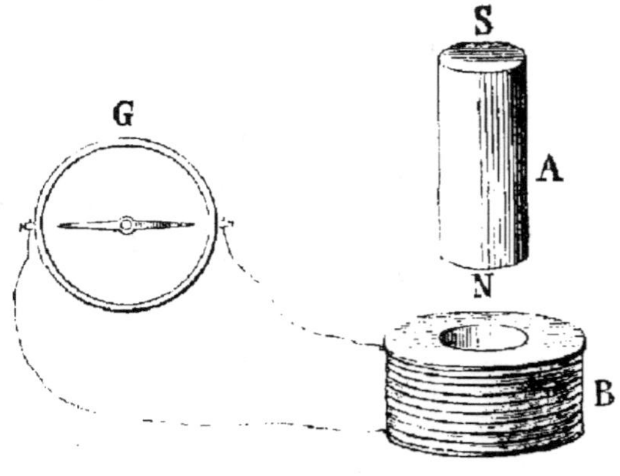

(Fig. 10.)

14. Soient (*fig.* 10) B une bobine formée d'un fil métallique entouré de soie ou de coton et faisant un grand nombre de tours ;

G, une boussole où viennent aboutir les deux extrémités du fil de la bobine ;

A, un aimant dont N et S sont les pôles.

Si l'on approche vivement le pôle N de l'aimant de la bobine, on voit l'aiguille du rhéomètre dévier de sa position, et revenir ensuite au repos. Si après avoir approché l'aimant on l'éloigne, l'aiguille dévie encore, mais en sens contraire de la première déviation.

Si au lieu de prendre le pôle N, on prend le pôle S, les mêmes phénomènes se produisent, mais dans un sens inverse ; c'est-à-dire qu'en approchant l'aimant, l'aiguille déviera dans le même sens dans lequel elle avait dévié quand, dans le premier cas, on retirait l'aimant.

Si, au lieu d'un rhéomètre, on place un morceau de fer entouré de fil, on pourra l'aimanter comme on le fait avec la pile ; mais les pôles seront changés quand, après avoir approché l'aimant, on viendra à le retirer.

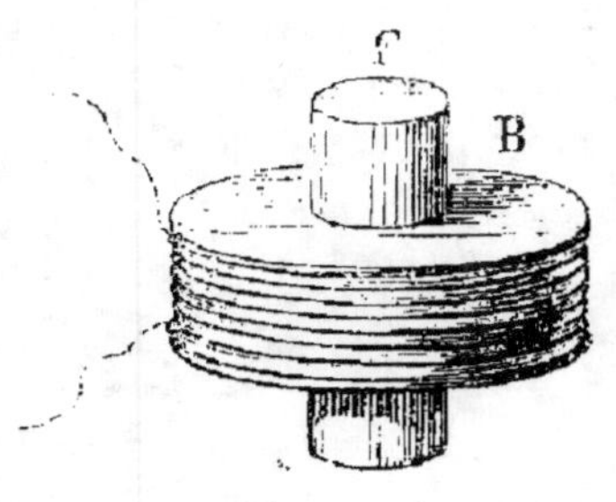

(Fig. 11.)

15. Si dans la bobine B (*fig. 11*) on place un cylindre de fer F, les effets seront beaucoup plus intenses, en approchant et éloignant l'aimant de l'extrémité du cylindre.

L'expérience a prouvé que tous les phénomènes produits par la pile le sont également par les aimants.

Ce courant ainsi développé dans une bobine de fil, par l'approche d'un aimant, a été appelé par Faraday courant *induit*. Cette découverte a jeté les bases d'une partie importante de la physique, à laquelle on a donné le nom d'*électro-magnétisme*, et dans laquelle se sont illustrés, Faraday en Angleterre, Henri à Philadelphie, Lenz et Jacobi en Russie. Mais le point de départ néanmoins de tous ces travaux sont ceux du célèbre physicien Ampère [1], qui fit une étude toute particulière des courants, fonda leur théorie ainsi que celle des aimants, et prépara ainsi, par ses belles découvertes, celles faites par les physiciens que nous venons de citer.

Cette nouvelle branche de la physique a été la source d'instruments ingénieux et utiles à la science.

16. Le premier a été la machine électro-magnétique de Pixii [2], constructeur français, dans laquelle un puissant aimant en fer à cheval tourne devant les extrémités d'un autre fer à cheval en fer doux, dont les deux jambes sont enveloppées par un fil métallique isolé faisant un grand nombre de tours.

Cette machine est très-puissante et produit tous les effets de la pile.

L'aimant en tournant présente successivement ses deux pôles aux extrémités du morceau de fer, dont, par conséquent, ils s'approchent d'abord, puis s'éloignent ensuite, et produisent ainsi deux courants en sens contraire ; mais un mécanisme ingénieux dû à Ampère et nommé la *bascule* d'Ampère, est tel que ces deux courants marchent dans le même sens dans l'instrument de recherches, soit une boussole, soit un voltamètre.

17. Depuis, un constructeur anglais a donné une autre forme à cette machine, en la réduisant dans ses dimen-

---

[1] Voir son mémoire. *Mémoires de l'Académie des sciences*, t. VI, p. 175 à 387. 1823.

[2] C'est avec cet appareil, inventé par Pixii en 1832, que l'on a obtenu pour la première fois la décomposition de l'eau par le magnétisme.

sions, et faisant tourner le fer en laissant l'aimant fixe ; mais rien n'a été changé dans le principe de la machine. Cependant le nom de l'inventeur Pixii a disparu des ouvrages de science, où on lui a substitué celui de machine de Clarck, constructeur anglais.

Nous avons cru devoir faire cette remarque afin que, dans l'intérêt de l'histoire et de la science, le nom de l'inventeur ne soit pas oublié.

Le célèbre physicien Wheatston a fait des télégraphes à cadran, fondés sur cette machine, et qui fonctionnent ainsi sans pile. Deux de ces appareils sont établis sur le chemin de fer de Saint-Germain, et ont toujours bien marché depuis plusieurs années qu'ils y sont installés.

18. En étudiant les courants électriques, provenant soit des piles, soit des machines électro-magnétiques, on a trouvé les lois suivantes, qui sont applicables aux courants provenant de ces deux sources :

1° L'action électro-magnétique diminue à mesure que la distance du conducteur à l'aiguille aimantée augmente.

2° Cette action s'exerce indifféremment à travers toutes les substances.

3° Étant admis que l'on raisonne dans le sens d'un seul fluide, ce qui l'est généralement, et qu'en conséquence le courant électrique soit dirigé dans le liquide du zinc au cuivre, et du cuivre au zinc par le conducteur qui réunit les deux pôles, le courant électrique tend constamment à faire dévier l'aiguille aimantée, de telle sorte qu'elle se place perpendiculairement au conducteur en tournant son pôle austral à la gauche du courant.

D'où il suit, que si le conducteur est d'abord placé à angle droit avec la direction de l'aiguille, celle-ci n'éprouve aucune action de la part du courant ; mais cette action, au contraire, est au maximum, si le conducteur est parallèle à l'aiguille.

DE LA POSITION DES POLES DANS LES BARREAUX DE FER AIMANTÉS PAR UN COURANT.

19. On a vu que si l'on enroule un fil conducteur autour d'un barreau de fer, et que l'on fasse passer un courant, ce barreau devient un aimant, c'est-à-dire qu'il possède la propriété d'attirer le fer, et qu'il a deux pôles,

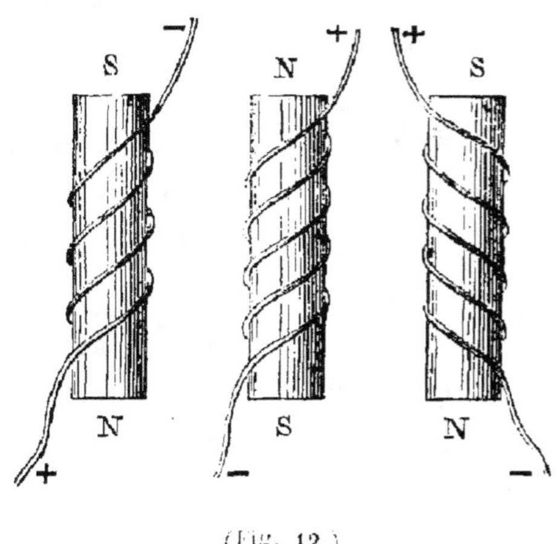

(Fig. 12.)

l'un austral, l'autre boréal. Ceci posé, si le fil conducteur (*fig.* 12) est enroulé de manière que les spires soient faites de gauche à droite, comme un tire-bouchon, le pôle N (boréal) sera toujours du côté par lequel entre le courant. Si le courant vient toujours dans le même sens, mais que les spires soient faites de droite à gauche, c'est alors le pôle S (austral), qui se trouve du côté où entre le courant.

Maintenant si, le fil étant enroulé de droite à gauche, le courant change de sens, le pôle S vient à la place du pôle N, le pôle S apparaissant de l'autre côté où maintenant entre le courant.

Ainsi, le fil étant enroulé à droite ou à gauche, on est toujours maître de faire naître les pôles dans un sens et dans l'autre.

En physique, on nomme *dextrorsum* les hélices qui sont dans le sens des *tire-bouchons*, et *sinistrorsum*, celles qui sont en sens contraire.

DES COURANTS ET DE LA CONDUCTIBILITÉ DES MÉTAUX.

20. L'intensité d'un courant est la même dans tous les points du circuit qu'il traverse.

Si l'on forme un circuit composé de métaux différents et de différents diamètres, et si l'on transporte au-dessous du conducteur complexe une aiguille aimantée, librement suspendue à un fil de coton, en ayant la précaution de la tenir à la même distance de chacun des points dont on veut mesurer l'intensité, on trouve que la déviation de l'aiguille est la même en tous les points.

21. L'intensité du courant est en raison inverse de la longueur du circuit et en raison directe de sa section.

Si l'on prend des fils d'un même métal et du même

diamètre, mais de longueurs différentes, par exemple, un de 100 mètres et l'autre de 500, et qu'on les prenne l'un après l'autre pour un conducteur de l'électricité venant d'une source constante, on trouve, en mesurant l'intensité du courant indiquée dans les deux cas par la même boussole, que si l'intensité est 1 avec le fil de 100 mètres, elle est de 0.20 avec le fil de 500, ou, en d'autres termes, qu'un fil cinq fois plus long a rendu l'intensité cinq fois plus petite.

Si maintenant on prend deux fils du même métal, de même longueur, mais dont les diamètres soient l'un de 1 millim. et l'autre de 5 millim., en prenant les mesures d'intensité du courant électrique comme on l'a fait ci-dessus, on trouve que si avec le premier fil l'intensité est 1, elle est cinq fois plus grande avec le fil qui a un diamètre cinq fois plus fort.

Donc ce que nous avons énoncé en tête de l'article est démontré par l'expérience.

22. Quand on prend des fils métalliques de nature différente, mais de même longueur et d'un même diamètre, on observe que les divers métaux ne conduisent pas l'électricité de la même manière, c'est-à-dire qu'étant employés tour à tour comme conducteur d'une source électrique constante, l'aiguille du rhéomètre placé dans le circuit donne une indication différente pour chacun d'eux.

M. Pouillet, qui a fait de nombreuses et savantes recherches sur ce sujet, ainsi que sur les lois qui régissent les courants électriques, a donné une table des conductibilités des différents métaux, dont nous extraierons les plus usuels.

Le mercure distillé étant représenté par.	100
Le fer donne........................	{ 600 700
Le laiton...........................	{ 200 900
Le platine..........................	855
Le cuivre pur non recuit............	3838
Le cuivre pur recuit................	3842

La présence des substances étrangères altère singulièrement leur conductibilité; ainsi le cuivre donne 3838, et quand il est allié au zinc pour former du laiton, on n'a plus que 200 ou 900; c'est ici encore que l'on aperçoit ce que peut faire la proportion d'alliage.

25. On appelle *résistance* l'obstacle opposé au courant électrique par les corps à travers lesquels il passe : cela est l'inverse de leur pouvoir conducteur.

Ainsi, le cuivre a un pouvoir conducteur beaucoup plus grand que le fer, c'est que la résistance qu'il oppose au passage de l'électricité est beaucoup plus petite que celle opposée par le fer.

M. Ed. Becquerel a fait, en 1846, des expériences qui donnent le coefficient de résistance de beaucoup de métaux pour une élévation de 1°, par rapport à la résistance du même métal à 0°.

Pour le mercure, on a...............	0,001040
Pour le zinc........................	0,003675
Pour le cuivre......................	0,004097
Pour le fer.........................	0,004726

On voit que le fer est, parmi ces métaux, celui qui est

soumis aux plus fortes variations, et c'est justement celui que l'on emploie pour les lignes télégraphiques ; et comme de l'été à l'hiver la différence de température peut varier de 40 à 50°, il s'ensuit qu'une résistance représentée par un fil de fer de 400 kilomètres de longueur peut être augmentée ou diminuée de 0,2, ou de 80 kilom.!; mais cela n'a point d'inconvénient, puisque l'on en est quitte pour augmenter ou diminuer la pile.

Nous allons terminer cet exposé par un fait trop remarquable, au point de vue scientifique et pratique, pour être passé sous silence.

24. Nous voulons parler du *passage de l'électricité par la terre*.

On appelle *circuit* tout courant électrique constitué, portant d'un pôle d'une pile pour aller rejoindre l'autre pôle, quelles que soient sa forme et la nature des différentes parties du conducteur.

D'abord on ne connaissait que les circuits entièrement métalliques ; mais il y a environ cinquante ans, avant que l'on pensât aux télégraphes, un physicien forma un circuit composé d'une partie métallique et d'une partie liquide, qui était un bras de mer, et fit passer dans ce circuit complexe l'électricité provenant d'une machine électrique.

Le professeur Steinheil a établi en 1837 un télégraphe électrique à Munich , où la terre formait la moitié du circuit ; c'est-à-dire qu'au lieu d'un fil métallique pour aller et un autre pour venir, il n'y en avait qu'un, le second était remplacé par le *sol*.

25. Depuis lors, plusieurs physiciens se sont occupés de ce phénomène. M. Matteucci, professeur de physique à Pise, l'a étudié avec soin dans les plus grands détails ; et nous, en 1845, nous avons eu la facilité d'expérimenter sur une grande étendue de terrain, de Paris à Rouen, 137 kilom. ; ce qu'il n'avait pu faire que sur des distances de quelques centaines de mètres. Mais depuis, en 1850, M. Matteucci fit un grand nombre d'expériences, sur des distances variant de 100^m à 8,000 mètres, d'un très-haut intérêt, et qui ont été l'objet d'un mémoire inséré dans les *Annales de chimie et de physique*, 1851, t. XXXII, p. 222 à 283.

Nous pensons être utile au public et juste envers l'auteur de ce travail en en extrayant quelques passages, nous contentant de donner plusieurs des résultats obtenus, sans entrer dans le détail des expériences.

26. M. Matteucci a commencé par prendre différentes portions du sol, argile grasse, avec plus ou moins d'eau, argile légère d'alluvion, de la terre cultivée, du sable à gros grains ; il les a placées les unes après les autres, dans des caisses isolées, d'une longueur définie, il a mesuré la distance de ces diverses portions de terre, et a trouvé que la résistance diminuait à mesure que la proportion d'eau était plus grande ; ce qui semble démontrer que c'est *l'eau* qui est le véritable conducteur, en dissolvant les sels qui se trouvent dans les différentes espèces de terre. Lorsque l'on compare l'intensité du courant obtenu avec la pile, dans une couche de terre isolée d'une longueur donnée, et de cette même couche faisant partie du sol, on trouve que dans ce dernier cas l'intensité est plus grande.

Cette différence augmente à mesure que la longueur de la couche ainsi séparée devient plus grande.

Au contraire, cette différence diminue jusqu'à devenir nulle, à mesure que l'on fait diminuer l'épaisseur de la couche considérée dans les deux cas; il est évident que l'épaisseur à laquelle cette différence devient nulle est d'autant plus grande, que la conductibilité de la matière de la couche est meilleure.

27. L'étendue des électrodes (extrémités des conducteurs qui partent de chaque pôle), et la conductibilité du corps qu'on met immédiatement en contact des électrodes et de la couche terrestre interposée, influent dans le même sens que la bonne conductibilité de la couche entière.

La loi, très-connue (21), de l'intensité du courant proportionnelle à la section du conducteur, et en raison inverse de sa longueur, n'est pas applicable au cas de la terre ; la propagation du courant dans la terre a lieu en plongeant les deux électrodes de la pile dans une matière très-peu conductrice, disposée en couches d'une section très-étendue et infinie relativement à celles des électrodes.

28. Ce cas de propagation ressemble à celui que tous les physiciens ont observé bien des fois en faisant plonger les deux rhéophores (conducteurs qui partent des pôles) de la pile dans une grande masse liquide, et que M. Matteucci a étudié dans un mémoire inséré dans les *Annales de chimie et de physique*, 1837.

La propagation du courant dans un plan indéfini et dans un disque a été étudiée analytiquement en Allemagne, par MM. Kirchhoff et Smaasen[1], et à peu près en même temps par M. Louis Ridolfi (*Cimento*, 1847).

29. Voici un tableau qui démontre les résistances d'une même couche de terrain, d'abord faisant partie du sol, et ensuite isolée du sol.

LONGUEUR de LA COUCHE.	EAU DE SOURCE dans un grand bassin ou de rivière.	ARGILE GRASSE.	ARGILE LÉGÈRE cultivée.	SABLE	ÉTAT de la COUCHE.
0,100 m	90 m	76 m	244 m	2,700 m	Dans le sol.
0,100	132	145	800 à 1000	5,000	Isolée du sol.

Les nombres qui indiquent ces résistances ont pour unité un fil de laiton de 2 mètres de longueur, pesant 870 milligrammes.

Voici un autre tableau qui montre que la résistance pour l'unité de distance entre les deux électrodes diminue rapidement à mesure que la distance augmente.

LONGUEUR de LA COUCHE.	RÉSISTANCE du TERRAIN A.	RÉSISTANCE pour 1 MÈTRE.
1 m	74	74,00
5	97	19,40
10	102	10.20
20	109	5,45
30	123	2,46

[1] *Annales de Poggendorff*, t. LXIV et LXIX.

On voit dans cet exemple avec quelle rapidité décroît la résistance de l'unité de distance.

50. La résistance d'une couche de terrain diminue avec la profondeur à laquelle on enfonce les électrodes : ainsi, ayant placé les électrodes à 145 mètres de distance, on a

PROFONDEUR de LA COUCHE.	RÉSISTANCE TOTALE.	RÉSISTANCE pour 1 MÈTRE.
m		
0,100	91	0 62
0,250	83	0,57
1,000	74	0,51
2.000	70	0,48

Quand on opère au bord de la mer, ces résultats sont encore plus frappants, et il semble évident que cette diminution dans la résistance d'une même longueur de terre à de plus grandes profondeurs est due à la plus grande quantité d'eau contenue dans le sol. Et, comme conséquence de cela, on trouve généralement qu'une couche de terre est plus résistante sur le haut d'une montagne qu'une même longueur dans la plaine.

Il semble démontré, d'après les recherches de M. Matteucci, que la loi de la proportionnalité du courant, par rapport à la section, n'est plus rigoureuse quand le corps a de grandes dimensions, et que, dans ce cas, l'influence de la section ou de l'étendue des électrodes irait toujours en diminuant avec la distance qui les sépare ; ce fait est démontré par le tableau suivant.

COUCHE D'ARGILE D'ALLUVION de 1 mètre d'épaisseur.		COUCHE DE 15 MÈT. DE LONGUEUR formée de terre et de l'eau des deux puits où étaient placés les électrodes.	
ÉTENDUE des électrodes	RÉSISTANCE.	ÉTENDUE des électrodes.	RÉSISTANCE.
m		m	
0,0120	174	0,0140	44
0,0125	140	0,0460	33,5
0,1600	81	0,2500	11,5
0,2500	47	0,5280	11,5
0,3250	31		

51. Quand, en 1845, nous avons fait des expériences analogues à celles que nous rapportons, mais sur de très-grandes distances, puisque c'était de Paris à Rouen, où la longueur du fil est de 137000 mètres, nous n'avons pas trouvé de différence sensible en faisant usage d'électrodes variant depuis un fil de 2 millim. à une plaque ayant 2 mètres de surface ; et M. Matteucci, en reprenant les mêmes expériences entre Pise et Florence, a aussi trouvé que l'intensité du courant était très-peu changée, en employant pour électrodes des fils de $1^m.5$ de diam. ou des lames de cuivre de $0^m,325$.

Ainsi l'on arrive à cette conséquence, que pour une très-grande distance la surface des électrodes semble indifférente ; mais que pour des longueurs de terrain de quelques centaines de mètres seulement, il y a avantage à augmenter la surface du contact des électrodes. On gagne aussi généralement en intensité en enfonçant profondément les électrodes dans le sol, tout en leur conservant la même surface.

Une expérience de cinq années a prouvé, d'une manière complète, qu'aujourd'hui à toutes distances on peut employer la terre à la place d'un fil, puisque Paris communique de cette manière avec Bruxelles, Calais, Lyon, Valence et Marseille ; cette dernière ville est à plus de 800 kilom. de distance. Pratiquement, cela économise la moitié des fils qui auraient été nécessaires sans cela, ce qui, dans un grand pays comme la France, représente une économie de quelques millions.

Quant à la nature du phénomène, à la manière dont les choses se passent, les physiciens sont divisés pour savoir si la terre sert simplement de conducteur, ou bien si seulement elle agit comme réservoir, en absorbant l'électricité aux deux pôles de la pile.

Pour nous, il est plus commode de comprendre la terre comme un conducteur qui continue le circuit métallique.

52. Maintenant que nous avons vu ce que c'était qu'une *pile*, le phénomène qui en dérive, auquel on a donné le nom de *courant électrique*, la propriété qu'il possède d'aimanter un morceau de fer autour duquel il fait des circonvolutions, et cette autre propriété que le fer rendu aimant attire le fer, et cesse de l'attirer quand le courant est interrompu ; maintenant, disons-nous, que nous savons tout cela, il ne nous manque plus que d'entrer dans l'explication des instruments auxquels on a fait l'application de ces faits scientifiques pour en faire des appareils télégraphiques.

On conçoit que les appareils qui dérivent de ces principes soient très différents dans leurs formes et leurs compositions, quoique concourant tous au même but.

55. Le premier télégraphe est celui de Schweiger. Il est fondé sur la propriété que possède un courant électrique de dévier de sa position une aiguille aimantée mobile sur son centre, *proportionnellement au nombre de tours* que forme le courant autour de l'aiguille, en suivant les circonvolutions du fil conducteur qui l'entoure.

Comme on le voit, c'est le multiplicateur ou rhéomètre dont il est l'inventeur.

Dans ce système, on tenait compte de l'amplitude de l'arc que décrivait l'aiguille sous l'influence d'un courant donné. Ainsi, une pile était placée à un endroit et un nombre convenable de multiplicateurs étaient disposés à un endroit éloigné, et reliés à la pile par des conducteurs. Chaque rhéomètre avait un nombre de tours différent, et au moyen d'une espèce de piano électrique, qui portait autant de touches qu'il y avait de multiplicateurs, on envoyait le courant dans celui correspondant à la touche sur laquelle on agissait.

Cet instrument a été abandonné, du moins en ce qui concerne la valeur absolue des arcs décrits par l'aiguille et le grand nombre des multiplicateurs ; mais néanmoins a-t-il été conservé dans sa forme la plus simple, c'est-à-dire réduit à un ou deux multiplicateurs au plus, et dans cette disposition on ne compte plus la grandeur des arcs, mais seulement les mouvements de l'aiguille à droite et à gauche ; pour cela l'aiguille ne peut faire que de petites oscillations entre deux goupilles qui limitent ses mouvements. Le manipulateur est fait de manière à ce que l'on peut changer le sens du courant, ce qui permet de faire aller l'aiguille à droite ou à gauche, à volonté. Tel est le télégraphe généralement employé en Angleterre, lequel est dû au savant physicien anglais Wheatstone, auquel la télégraphie doit ses premières applications pratiques, ainsi qu'un très-grand nombre de ses perfectionnements.

54. On a aussi imaginé de faire tourner une aiguille devant un cadran portant les lettres de l'alphabet ; on l'arrête juste sur la lettre que l'on veut désigner.

On s'est servi pour cela de la propriété qu'a le fer de s'aimanter instantanément par un courant, et de perdre cette aimantation avec la cessation du courant, et l'on a transformé ce mouvement de va-et-vient en un mouvement circulaire pour faire tourner l'aiguille.

DEUXIÈME PARTIE.

DES APPAREILS TÉLÉGRAPHIQUES.

---

55. Les télégraphes employés en France jusqu'à présent sont de deux espèces :

1º Ceux employés par l'Etat ;

2º Ceux employés sur les chemins de fer.

TÉLÉGRAPHES DE L'ETAT. — COMPOSITION D'UN POSTE SIMPLE.

1º Un récepteur ;

2º Un manipulateur ;

3º Un ou plusieurs commutateurs ;

4º Une boussole ;

5º Une pile.

RÉCEPTEUR.

56. La figure 13 représente l'appareil avec sa boîte.

Le mécanisme, qui est renfermé, consiste en deux rouages d'horlogerie placés derrière le cadran, parallèlement l'un à l'autre, et à une petite distance entre eux, suffisante

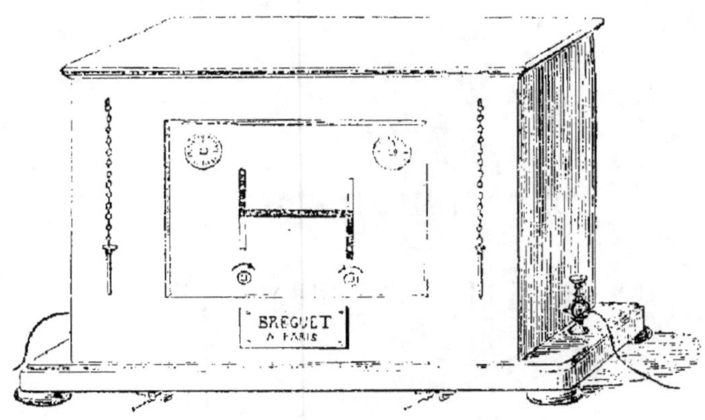

(Fig. 13.)

pour que les deux aiguilles puissent tourner sans se rencontrer.

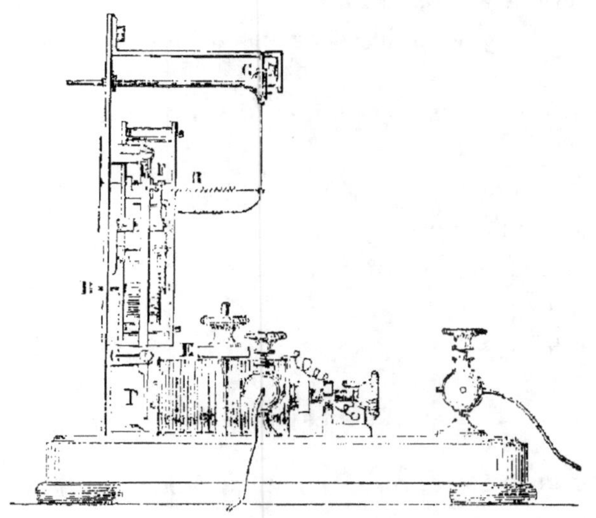

(Fig. 14.)

La figure 14 donne une vue du côté de l'appareil ; les

deux rouages sont confondus en un seul, mais comme tout est parfaitement identique, l'explication de l'une des parties est suffisante pour faire comprendre l'ensemble.

A, aiguille indicatrice des signaux, placée devant le cadran et portée sur l'axe de la roue d'échappement.

B, barillet renfermant la force motrice, qui est un ressort ; cette force se transmet par une suite de roues et pignons à l'axe x de la roue d'échappement.

E, électro-aimant.

P, palette en fer doux.

C, centre du mouvement de la palette.

F, fourchette d'échappement dans laquelle entre une cheville portée par le bras de la palette.

R, ressort à boudin, agissant contrairement à l'action de l'électro-aimant.

G, poulie placée sur un axe, et sur laquelle s'enroule un fil de soie fixé au ressort à boudin et destiné à le tendre plus ou moins, suivant la force d'aimantation.

Si l'on fait passer un courant dans le fil qui enveloppe l'électro-aimant, la palette P est attirée ; la fourchette F, par ce mouvement, est poussée d'arrière en avant et fait quitter une petite pièce contre laquelle appuyait une dent de la roue d'échappement. La roue avance d'une demi-dent en allant butter contre une autre pièce ; l'aimantation venant à cesser, le ressort R ramène le levier PF à son point de départ, la roue se dégage une seconde fois, avance encore d'une demi dent et s'arrête de nouveau sur la pièce de repos sur laquelle elle était avant l'aimantation. Ces effets étant répétés un nombre suffisant de

fois, la roue pourra faire un ou plusieurs tours. La roue
est divisée en quatre dents, et n'avançant chaque fois que
d'une demi-dent, à chaque tour l'aiguille aura pris huit
positions différentes, avançant ainsi chaque fois de 45°.

Comme il y a deux aiguilles, et que chacune d'elles
prend huit positions indépendantes l'une de l'autre, il
s'ensuit que l'on a soixante-quatre signaux par la combi-
naison de ces huit mouvements, et au moyen d'un signal de
convention, on a trouvé le moyen d'en doubler le nombre.

MANIPULATEUR.

57. Le manipulateur est, comme le récepteur, composé

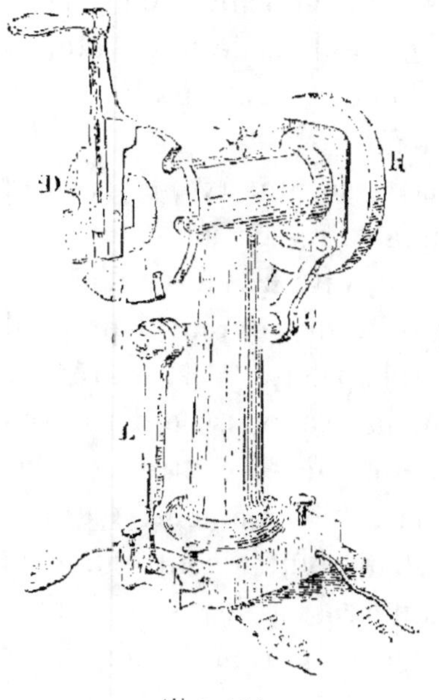

(Fig. 15.)

de deux parties indépendantes et semblables. Chacune
d'elles est en rapport avec un des côtés du récepteur par

un fil spécial, ce qui veut dire que cet appareil nécessite deux fils.

Les deux parties du manipulateur étant identiques, nous ne donnerons l'explication que d'une, elle suffira pour les deux. Dans la figure 15 :

D, diviseur (disque divisé en huit parties égales).

R, roue sur un côté de laquelle est creusée une gorge quadrangulaire à angles arrondis.

C, axe de mouvement des deux leviers l et L.

l, levier qui porte à son extrémité un galet qui entre dans la gorge de la roue R.

L, levier qui porte dans le bas une pièce à ressort qui oscille entre les contacts KK',

KK', deux contacts métalliques encastrés dans une pièce d'ivoire, sur lesquels vient appuyer le levier L,

K, communique à la pile.

K', communique au récepteur par un fil conducteur ; à la base de la colonne s'attache le fil de la ligne.

M, manivelle placée sur l'axe de la roue R, et qui passe par le centre du diviseur.

La manivelle porte, en dessous, une dent qui peut entrer dans les crans du diviseur ; elle peut se mouvoir d'un petit mouvement autour d'un centre placé à l'extrémité de l'axe, de sorte que l'on peut la tirer à soi pour faire sortir la dent du cran dans lequel elle se trouve pour la remettre dans un autre ; un ressort la pousse continuellement dans ce sens, afin que la manivelle ne puisse changer de position qu'à la volonté de l'employé.

Quand la manivelle est au repos, c'est-à-dire dans une

position horizontale, le levier L touche le contact K ; dans cette position, si un courant est envoyé de l'autre station, il vient par le fil de la ligne, entre dans la base de la colonne et par l'axe C, suit le levier L, puis sort par K et arrive au récepteur par un fil conducteur ; il y a aimantation, l'aiguille avance d'une division, un signal est produit.

Pour cela il a fallu que l'employé de la station éloignée fît avancer la manivelle M d'un cran ou d'un huitième de tour. Dans ce mouvement, la roue R a fait mouvoir le levier L, lui a fait quitter le contact K pour aller se reporter sur le contact K' qui est relié à la pile ; aussitôt le courant passe de K' en L et par la colonne arrive au fil de la ligne, et l'effet ci-dessus expliqué se produit.

On voit, d'après cela, que le levier L est placé pour recevoir le courant chaque deux crans, à partir du point de départ.

Par le genre d'échappement que nous avons employé, chaque mouvement de la roue est un signal ; ainsi, quand L arrive sur K', il y a aimantation et il passe une demi dent, c'est un signal ; l'aimantation cesse, la palette est ramenée à sa place, la roue avance encore d'une demi-dent, c'est encore un signal ; il n'y a donc aucun mouvement perdu.

Ce télégraphe a l'avantage de faire des signaux très-nets, d'être d'une grande sûreté, et de pouvoir se mouvoir avec une grande rapidité ; des employés vont jusqu'à faire deux cent quarante signaux en une minute, ce qui équivaut à cinquante mots.

Pour que les employés puissent marcher avec cette vitesse, il faut que les appareils soient capables de faire trois mille signaux par minute en tournant la manivelle d'un mouvement continu.

Dans le bas du récepteur on voit passer deux petites tiges de cuivre ; on leur a donné le nom de *pédales ;* elles donnent à l'employé la facilité de corriger les erreurs qui peuvent survenir pendant la transmission. Ces erreurs peuvent être causées, soit par un mauvais état momentané de la ligne, soit par les orages, soit par l'employé, et l'appareil lui aussi peut manquer ; mais la correction est si facile et si rapide qu'un petit coup de doigt donné sur cette pédale ne fait presque pas perdre de temps. Cette correction se fait toujours en faisant avancer l'aiguille, car, par la construction du mécanisme, les erreurs ne peuvent être que dans le sens du retard.

COMMUTATEURS.

38. Il y en a de deux sortes, les uns très-simples et d'autres assez complexes.

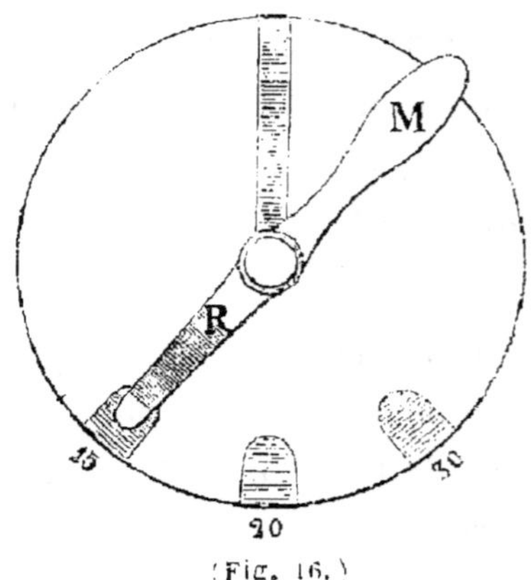

(Fig. 16.)

La figure 16 représente l'un des plus simples. C'est un

disque en bois, dans lequel sont encastrées une bande de cuivre L, et une ou plusieurs pièces de cuivre appelées contacts. La bande de cuivre L va jusqu'au milieu du disque et porte en ce point un axe sur lequel est fixée une manivelle M, dont l'extrémité est pliée et fait ressort ; la portion R appuie successivement sur tous les contacts, à mesure qu'on fait tourner la manivelle.

Si l'on a une pile, 17, 20, 30 éléments, on la divise par parties ; le pôle zinc, par exemple, communique à la terre, et l'on fait arriver au commutateur le pôle cuivre du 5e élément, le pôle cuivre du 10e, le pôle cuivre du 15e, etc.; et dès lors, quand on portera le ressort L sur le premier contact, on enverra par le fil L le courant de 5 éléments, par le second contact le courant de 10 éléments, par le troisième celui de 15 éléments, etc. ; de cette manière on peut varier l'énergie de la pile suivant l'état de la ligne, ou suivant la distance que l'on aura à parcourir.

Les besoins du service font naître plusieurs dispositions plutôt commodes qu'indispensables, et que l'on ne peut décrire, parce qu'aujourd'hui elles sont utiles, et demain elles deviennent nulles d'après un nouvel arrangement des appareils.

59. Le commutateur complexe (*fig.* 17) est disposé comme suit. Il est formé d'une plaque en métal sur laquelle sont fixées deux petites planchettes, sur lesquelles sont placées les pièces suivantes :

LL', boutons où viennent s'insérer les fils de la ligne, et fixés sur une plaque en cuivre dentelée.

T, plaque de métal aussi dentelée en communication avec la terre.

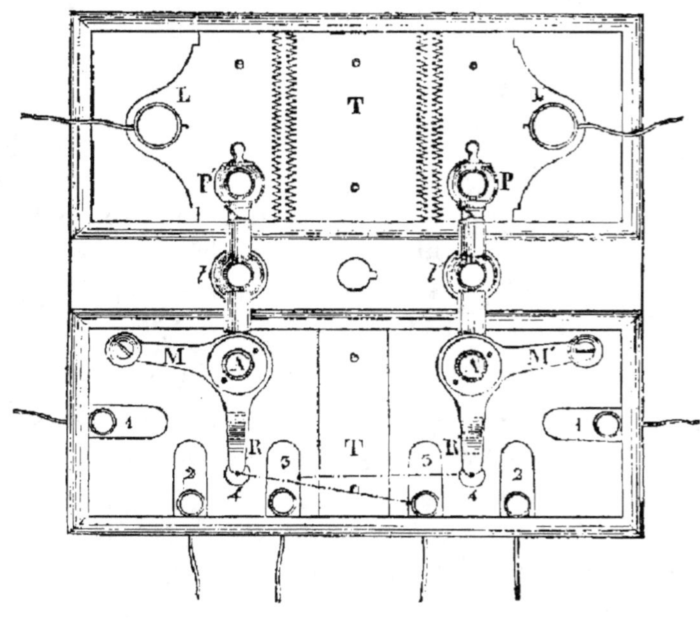

(Fig. 17.)

PP', boutons traversés par un cylindre *cc'*, qui traverse un autre bouton *tt'*, en relation avec la terre ; il aboutit aux boutons TT.

TT', axe sur lequel une manivelle MM' est montée, avec un ressort R,R' faisant corps avec elle.

La manivelle, en tournant autour de son axe, peut porter le ressort à volonté sur les contacts en cuivre 1, 2, 3 et 4.

T', autre plaque communiquant à la terre, et sur laquelle les deux ressorts R, R' peuvent venir s'appuyer.

Ce commutateur sert en même temps de paratonnerre, dont le principe sera développé quand nous expliquerons le paratonnerre que nous faisons pour les chemins de fer.

Les contacts 4 communiquent par un fil encastré sur la planecette avec les contacts 3. Cette disposition permet de réunir les deux fils ; ainsi, quand on porte le ressort R' sur 4 et le ressort R sur 3, on voit que les deux fils L et L' communiquent ensemble au contact 3 ; c'est ce que l'on fait quand les fils sont mêlés sur la ligne ; ils communiquent ainsi à un seul côté du récepteur, et l'on fait les signaux avec un seul indicateur en les décomposant,

Dans l'état normal, les ressorts R,R' sont placés sur **2,2**, d'où partent des fils qui vont chacun aboutir à l'un des côtés du récepteur.

Les contacts 1,1, vont à la boussole, et quand on veut connaître l'intensité du courant, on porte les ressorts R,R' sur ces contacts.

Les dentelures faites à différentes pièces, et en regard les unes des autres, ont pour but de décharger les fils de la ligne de l'électricité statique qui peut s'accumuler sur eux.

PILE.

40. On fait usage de la pile Bunsen et de la pile Daniell ; la première est employée exceptionnellement dans les postes principaux, mais tous les autres postes emploient la pile Daniell.

Pour un poste central qui dessert un très-grand nombre

de lignes , une seule pile Bunsen , composée de 60 à 80 éléments, peut desservir à la fois plusieurs lignes.

Nous pensons cependant qu'il serait préférable que chaque ligne eût sa pile propre. Une pile peut venir à manquer, et si elle dessert toutes les lignes, elles sont alors toutes en souffrance ; tandis qu'autrement il n'y a que la ligne dont la pile se trouve en défaut qui se trouve arrêtée. On obvie cependant à cet inconvénient en faisant comme cela se pratique à l'administration centrale, où la pile est toujours maintenue en parfait état.

COMPOSITION DES POSTES TÉLÉGRAPHIQUES DES CHEMINS DE FER.

1° Pile pour produire l'électricité ;

2° Un commutateur ou régulateur de la pile ;

3° Un cadran manipulateur ;

4° Un cadran récepteur à lettres ;

5° Une ou plusieurs boussoles, suivant le nombre de postes avec lesquels on est en communication immédiate. Elles servent à accuser le passage du courant électrique ;

5° Une ou plusieurs sonneries, suivant le nombre de stations avec lesquelles on est en relation.

PILE.

41. C'est la pile à sulfate de cuivre, décrite au n° 3, dont nous faisons usage partout; elle suffit pour les plus grandes distances, qui, dans les chemins de fer, ne dépassent pas trente à quarante lieues, comme communication directe. Avec 14 éléments nous faisons facilement fonctionner nos

appareils, et nous plaçons toujours des piles de 28 éléments, afin d'avoir, suivant les besoins, la facilité d'augmenter la force du courant. En mettant le zinc d'une
épaisseur de 0^{m}005, on a des piles qui restent un an sans
que l'on ait besoin de retirer un élément de sa place.

ENTRETIEN DE LA PILE.

42. Le parfait entretien de la pile, qui est de toute
nécessité pour avoir une égalité d'action, s'obtiendra en
maintenant toujours à une hauteur constante le niveau
de l'eau dans le vase de verre, le niveau de la solution
dans le vase poreux, et l'uniformité de saturation par
l'addition de quelques cristaux de sulfate de cuivre. Il est
nécessaire de maintenir la couleur bleue du liquide pour
avoir le maximum d'effet. Il faut éviter de mettre une
trop grande quantité de cristaux qui, arrivant au bord
du vase poreux, peuvent retomber du côté du zinc, où ils
nuisent à l'effet en produisant une action contraire. Il est
important que le fond de la boîte soit conservé aussi sec
que possible.

Comme il se forme des sels grimpant le long du bord
des vases de verre, et qui de l'intérieur passent à l'extérieur en redescendant sur le fond de la boîte, et qu'en
même temps la capillarité fait ainsi passer de l'eau dans le
fond de la caisse, il est nécessaire d'enlever ces sels à
mesure qu'ils se forment.

Une pile ainsi conduite se conserve quelquefois six mois
et plus sans que l'on ait touché un seul élément, le zinc

n'ayant que 0^{m}0015 d'épaisseur. Mais comme les actions ne sont pas égales dans tous les éléments, il y en a qui s'usent au bout de trois mois, quand les autres iraient encore longtemps ; il sera donc prudent, afin de s'assurer une grande régularité dans le service, de refaire une pile neuve tous les trois mois ; on mettra de côté les zincs de l'ancienne pile qui seront encore bons, on s'en servira avec des neufs pour préparer celle qui devra remplacer la pile que l'on viendra de placer.

Il faudra préparer la nouvelle pile un jour d'avance, et le lendemain on la substituera à l'ancienne, sans aucune interruption dans le service.

ALTÉRATION DE L'ÉLÉMENT CUIVRE.

45. Il arrive assez souvent que la bande de cuivre qui supporte le diaphragme dans le vase poreux vient à se dissoudre et à se couper au niveau du liquide ; cette solution de continuité dans le circuit amène alors une interruption dans le service. Il sera donc nécessaire, toutes les fois qu'on visitera la pile, de voir si la lame de cuivre n'est pas coupée ou près de l'être ; on s'en assurera en soulevant cette partie de l'élément, et, dans le cas de rupture, si l'on n'avait pas sous la main ce qu'il faut pour le remplacer, on devra tout simplement abaisser la portion qui reste au-dessus du liquide jusqu'à l'y faire plonger le plus possible, et la communication sera rétablie aussi parfaitement qu'elle l'était avant la rupture.

Nous ne dirons rien du commutateur régulateur de

pile, qui a été expliqué à l'occasion du télégraphe à signaux.

CADRAN MANIPULATEUR DU TÉLÉGRAPHE BREGUET.

44. Cet instrument, inventé par nous en 1849, et bre-
veté en 1850, se compose (*fig.* 18) d'une planche de forme
carrée, sur laquelle est monté, au moyen de trois colon-

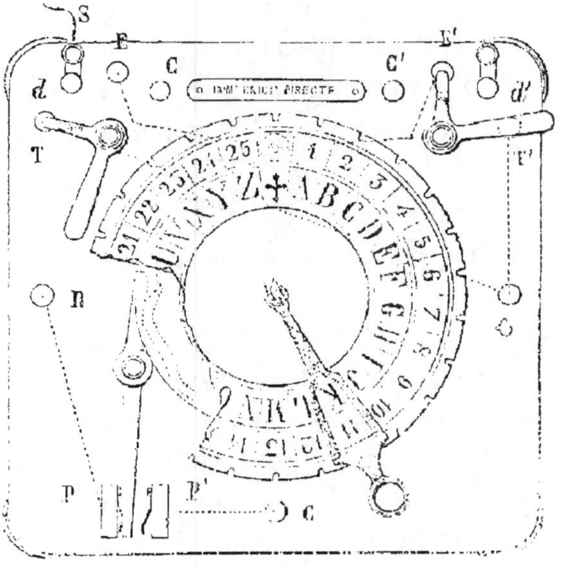

Fig. 18.

nes, un plateau circulaire ou cadran en laiton. Ce plateau
porte sur son pourtour des échancrures se trouvant en regard des lettres et des nombres que l'on a gravés sur le
cadran, en deux circonférences. Une manivelle est arti-
culée, au centre du plateau, avec un axe qui porte
une roue, sur le plan de laquelle est creusée une gorge

sinueuse, et dont les sinuosités sont régulières et en nombre égal à celui des signes gravés sur le cadran. Cette roue produit, dans son mouvement de rotation, le mouvement de va-et-vient du levier G qui oscille autour du centre O, et va toucher alternativement aux contacts PP'. Pour un tour de la roue, le levier G fait treize oscillations, c'est-à-dire qu'il est treize fois en contact avec P, et treize fois avec P'.

Dans la planche sont fixées six petites pièces en cuivre, dites gouttes de suif, trois à droite, trois à gauche ; ces deux groupes sont séparés par une bande en cuivre, portant les mots *communication directe*. Il y a de plus cinq bornes en cuivre où s'attachent les fils conducteurs qui relient le manipulateur au récepteur d'une part, à la sonnerie, à la terre, et à la pile d'une autre.

Deux manettes à ressort L,L' où s'attache le fil de ligne servent à mettre en contact avec ce dernier les divers appareils ci-dessus, en les portant sur les gouttes de suif T,T', S,S', E,E'.

Une des colonnes qui supportent le cadran est reliée métalliquement avec la goutte E,E'.

La borne C communique avec P'.
La — G — T,T
La — R — P
La — S' — d
Les gouttes c,c'c'' — avec communication directe.

La borne R est reliée par un conducteur au récepteur ; la borne G est reliée de même à la terre.

La borne C l'est de même au pôle cuivre de la pile,

dont le pôle zinc communique à la terre; et les bornes S,S', sont en relation chacune avec la sonnerie.

On voit enfin qu'il y a communication immédiate entre la colonne qui est sous la croix et celle qui sert de centre de mouvement au levier L, puisque toutes deux sont fixées au cadran.

Toutes les fois que la manivelle du manipulateur est placée sur un nombre impair 1, 3, 5, etc., le levier G est en contact avec P, et si, au contraire, cette manivelle est sur les nombres pairs 0, 2, 4, etc., le contact aura lieu avec P'.

CADRAN RÉCEPTEUR BREGUET.

43. Le mécanisme est renfermé dans une boîte (*fig.* 19), susceptible d'être enlevée en totalité, et qui, par là, permet l'examen détaillé de toutes les parties.

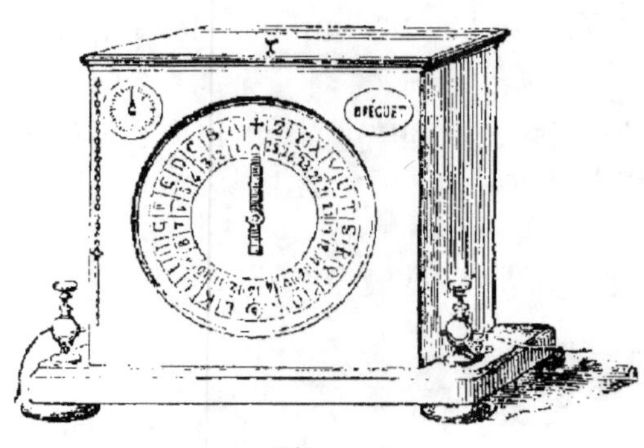

(Fig. 19.)

Sur le devant de la boîte est un cadran où sont répétés, dans le même ordre, les caractères et chiffres qui sont sur le manipulateur.

A droite et en haut sont deux petits cadrans, dont l'un, circulaire, est divisé en cinquante parties égales ; à son centre se trouve un axe avec un carré, sur lequel s'ajuste une petite clef suspendue à une chaînette ; cette clef sert au réglage de l'appareil.

Sur le dessus et au milieu de la boîte est un petit poussoir servant à ramener l'aiguille à la croix, en pressant dessus avec le doigt, quand cela est nécessaire, dans le cas où l'aiguille se trouve en avance ou en retard.

A la partie inférieure du cadran se voit le carré de remontoir ; et, enfin, de chaque côté de la boîte, sur le socle, sont deux boutons où arrivent les fils qui amènent le courant électrique dans l'appareil.

Quand on voudra enlever la boîte, il sera indispensable de prendre les précautions suivantes :

1° Retirer le bouton à chaînette de dessus son carré ;

2° Défaire les deux crochets latéraux ;

3° Prendre la boîte de chaque côté, la soulever en la penchant en avant, la tirer un peu à soi, puis l'enlever, en faisant attention de ne pas accrocher l'aiguille. Ces opérations étant faites avec lenteur, on sera certain de ne causer aucun accident.

La boîte une fois enlevée, on voit le mécanisme représenté *fig.* 20, qui est une vue de côté.

E, Electro-aimant.

V, Vis de rappel qui sert à approcher ou à éloigner l'aimant de la palette **P**.

P, Palette en fer attirée par E.

L, Levier de la palette qui entre dans une fourchette,

au moyen de laquelle elle fait mouvoir deux petites pièces ou repos, contre lesquelles s'arrête la roue d'échappement.

B.B, Rouage d'horlogerie mû par une force motrice, qui est un ressort contenu dans un barillet.

KK. Cadran.

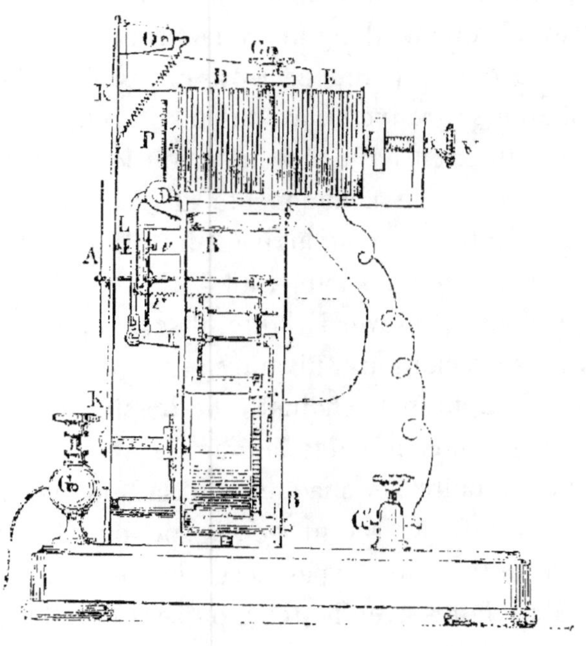

(Fig. 6.)

A, Aiguille placée sur l'axe de la roue d'échappement.

c.v, Vis qui servent à régler le mouvement de va-et-vient du levier L.

C, Colonnes en cuivre sur lesquelles entre une traverse qui, au moyen de deux écrous qui pressent dessus, maintient les bobines de l'électro-aimant à une place fixe; les cylindres en fer peuvent glisser à frottement dans l'intérieur des bobines.

O, Centre de mouvement d'un levier que l'on fait mouvoir depuis l'extérieur par un bouton placé sur la boîte, et qui sert à faire marcher la palette à la main en cas d'erreur.

r, Ressort à boudin tenu à une soie qui s'enroule sur une poulie fixée sur l'axe qui est au centre du petit cadran que l'on voit sur le devant de la boîte et à droite. Il est fixé au levier L, pour agir contrairement à l'aimantation.

D, Pièce en cuivre qui maintient l'axe de la poulie.

G', Boutons où s'attachent à l'intérieur les extrémités du fil de l'électro-aimant.

G, Boutons extérieurs qui communiquent aux boutons G' par une lame de cuivre.

Le jeu de la palette, du levier L et du repos de l'échappement étant le même que dans l'appareil à signaux, il n'est pas nécessaire de l'expliquer de nouveau : nous pensons que le dessin ci-joint et sa légende suffisent pour comprendre le rapport des pièces les unes avec les autres.

Dans cet appareil, que nous nous sommes appliqué à rendre aussi parfait que possible, nous y avons adapté un échappement nouveau, qui nous a permis de donner une très-grande vitesse aux mouvements du mécanisme.

Nous nous sommes attaché de plus à le rendre le plus pratique possible en permettant d'en voir l'intérieur complétement et de faire que l'électro-aimant, pièce si importante, puisse se mettre et se déplacer par les mains les moins exercées.

SONNERIE NOUVELLE.

46. La sonnerie (*fig.* 21) se compose d'un socle sur lequel est établi le mécanisme ; la boîte qui peut s'enlever entièrement laisse voir l'ensemble de la machine.

Elle consiste en un rouage mû par un fort ressort renfermé dans un barillet, destiné à faire tourner un excentrique F qui, au moyen d'une bielle B, fait mouvoir autour

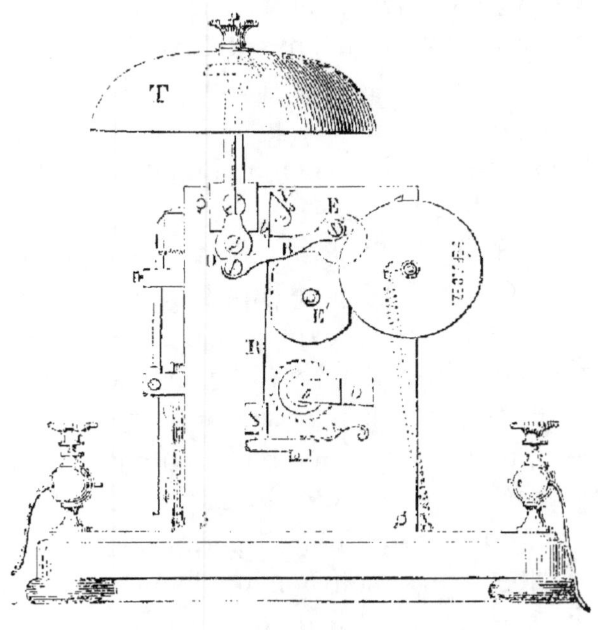

(Fig. 21.)

du centre de mouvement O un marteau qui frappe sur un fort timbre T.

L'axe de l'excentrique, prolongé de l'autre côté, porte un bras *b* à ressort qui vient s'arrêter contre une entaille *c* faite dans une lame de ressort R et empêche le rouage de marcher. Cette lame est placée de bas en haut, perpendiculairement au bras de l'excentrique.

Il y a un second excentrique E' qui, lorsque le rouage est en mouvement, maintient la lame de ressort R éloignée, pour que le bras du premier excentrique puisse exécuter uncertain nombre de tours et faire frapper assez de

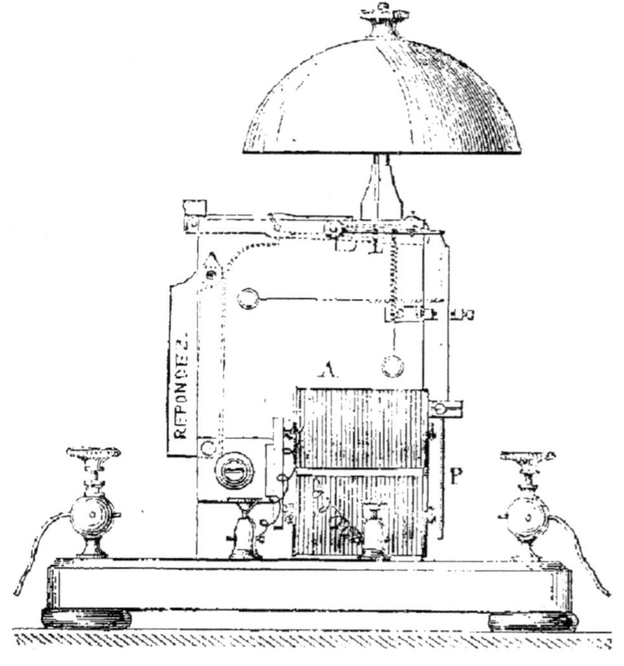

Fig. 22

coups au marteau contre le timbre; deux parties d'un plus petit rayon permettent à R de reprendre sa place, et alors le bras *b* vient s'y arrêter.

Une petite pièce en cuivre V, dans le haut de la platine.

placée tout contre l'extrémité de la lame du ressort, est destinée, par un mouvement contre cette lame, à lui faire quitter le bras *b* de l'excentrique, et conséquemment à laisser marcher le rouage. Cette pièce de cuivre est placée à l'extrémité d'un axe qui traverse les deux platines; il porte deux leviers : l'un à l'intérieur, qui est destiné à être relevé par une cheville placée sur une roue pour ramener la pièce de cuivre à sa place, et permettre à la lame de ressort de revenir se mettre devant le bras de l'excentrique.

L'autre levier L (*fig*. 22) est au delà de la seconde platine ; il repose sur le bras de la palette en fer qui doit être attirée par l'électro-aimant placé dans le bas et derrière la machine.

Ce levier est tiré de haut en bas par un ressort à boudin *r*. Quand il y a aimantation, la palette est attirée, son bras quitte le levier qui, tiré par le ressort, descend ; et, dans ce mouvement, la pièce de cuivre V (*fig* 21), qui est devant et placée sur le même axe, se meut et dégage le bras *b* de l'excentrique; le tout se relève, comme nous l'avons dit, au moyen du levier intérieur, et le levier de derrière vient se replacer sur le bras de la palette de l'électro-aimant.

Sur le devant (*fig*. 21) est une plaque qui porte le mot *répondez*, lequel apparaît à travers la boîte, par une petite fenêtre, et indique à l'employé, par sa présence, s'il a été appelé pendant qu'il était hors du poste, une clef sert à remettre le mot *répondez* à couvert.

Cette sonnerie est nouvelle et la seule que nous fassions

maintenant ; l'ancienne avait quelques inconvénients que nous avons dû faire disparaître en changeant tout à fait le mécanisme qui regarde le mouvement du marteau.

Comme il existe encore beaucoup d'anciennes sonneries, il nous a paru convenable de répéter ce que nous en avions dit dans la première édition, car ce livre étant destiné aux employés des chemins de fer, il faut que, s'ils changent de localité, ils aient connaissance des appareils qu'ils peuvent rencontrer ; c'est ce qui motive l'article qui va suivre.

SONNERIE ANCIENNE.

47. Comme la sonnerie précédente, elle est portée sur un socle et recouverte par une boîte qui peut s'enlever.

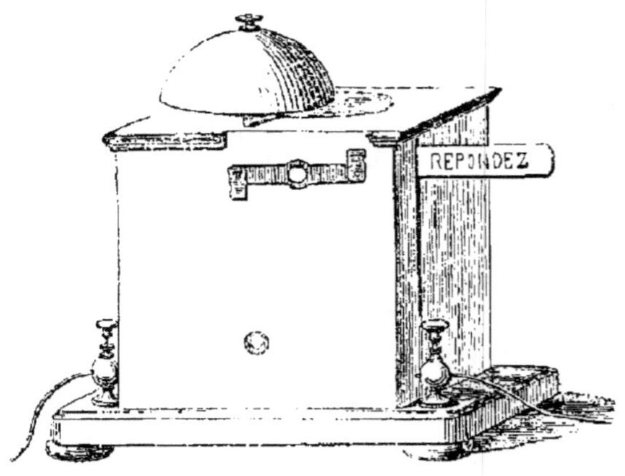

Fig. 32 bis.

A gauche, et sur le dessus, est un timbre porté par une colonne en cuivre, et maintenu par un écrou ; le long de cette colonne on remarquera une tige verticale dont les fonctions sont très-importantes. Cette tige descend lorsque

— 64 —

l'on place le timbre et qu'il est pressé par son écrou ;
elle s'élève, au contraire, quand on retire le timbre.

A droite, et sur le devant, est une pièce d'acier fixée
par son milieu à un axe ; elle porte à chaque extrémité un
petit marteau aussi en acier, mobile autour de son centre.
Tout ce petit système se mouvant autour de son axe, la
force centrifuge oblige les marteaux à prendre une position extérieure dans le sens de la longueur de la plaque,
et, dans leur mouvement de rotation, rencontrant le timbre, ils lui impriment un choc d'autant plus violent que la
vitesse est plus grande. Immédiatement après le choc, le
marteau se renverse en dedans et dépasse le timbre, puis
se redresse pour venir le frapper de nouveau.

Sur le devant de la boîte, un peu en bas, on aperçoit
un carré d'acier, qui, au moyen d'une clef, sert à monter
la force motrice.

Sur le côté latéral de droite est une fente suivant la hauteur, par laquelle sort une plaque de cuivre aussitôt que
le marteau se met à tourner, et elle reste dans sa position
jusqu'à ce qu'ayant frappé dessus avec le doigt, elle rentre
à sa position primitive dans l'intérieur de la boîte. Sur
cette plaque est gravé le mot : *répondez*. Son but est le
même que celui de la sonnerie nouvelle.

PRÉCAUTIONS A PRENDRE POUR OUVRIR LA BOITE DE LA SONNERIE ANCIENNE.

48. L'ouverture devra se faire avec précaution et le plus
rarement possible ; car non-seulement on peut occasionner
des accidents, mais chaque fois on fera entrer de la pous-

sière dans le mécanisme, ce qui nuit aux fonctions de la machine.

Voici les indications à suivre :

1° On défera les crochets latéraux.

2° On dévissera l'écrou qui retient le timbre, celui-ci remontera de lui-même d'une petite quantité, poussé qu'il est par une tige de cuivre qui monte le long de la colonne.

3° On enlèvera le timbre.

4° Si la plaque *répondez* était sortie, on la ferait rentrer comme nous l'avons dit, et on enlèvera la boîte doucement.

5° Cette opération étant faite, on se gardera bien de toucher à la tige de cuivre, car si le déchiquetage de la palette était opéré (ce qui peut se faire par une simple secousse), les marteaux se mettraient à tourner avec une vitesse croissante, n'ayant plus pour la maîtriser la résistance offerte par le timbre contre lequel ils viennent frapper quand il est en place, et la conséquence de ceci serait la rupture d'un ressort destiné à arrêter les marteaux après un nombre déterminé de tours, et cela pourrait encore blesser les doigts de la personne qui aurait commis l'imprudence.

Afin que le même accident n'arrive pas quand on veut replacer le timbre, après avoir remis la boîte on appuie le timbre sur la colonne, en le maintenant avec la main jusqu'à ce qu'on ait serré l'écrou destiné à le fixer. On voit que si dans cette opération une secousse faisait dégager les marteaux, ceux-ci rencontreraient le timbre, et la vitesse de rotation, alors ralentie, n'amènerait aucun accident.

MONTAGE DU POSTE.

49. Les postes ou stations se divisent en trois classes :

1° Les postes extrêmes, têtes de ligne ;

2° Les postes intermédiaires, qui sont situés le long de la ligne ;

3° Les postes de croisement, où un chemin de fer se divise en deux ou plusieurs ramifications.

La planche I représente les dispositions des deux premières classes, où l'on voit Paris, tête de ligne, et Étampes, station intermédiaire.

Dans la première classe (*fig.* 1), on voit qu'il faut seulement :

1° Un manipulateur ;

2° Un récepteur ;

3° Une sonnerie ;

4° Une boussole.

La seconde classe (*fig.* 2), demande :

1° Un manipulateur ;

2° Un récepteur ;

3° Deux sonneries ;

4° Deux boussoles.

Pour la troisième classe (*fig.* 23), il faut :

1° Un manipulateur à trois directions ;

2° Un récepteur ;

3° Trois sonneries ;

4° Trois boussoles.

Quand il y aura plus de trois directions, il sera préférable d'avoir deux manipulateurs, parce qu'avec un seul il n'est pas possible de correspondre de deux côtés à la fois, ce qui ferait perdre beaucoup de temps, puisqu'on serait obligé de faire attendre un côté pendant qu'on parlerait avec l'autre ; et même, dans un service très actif, un employé ne pourrait suffire à l'exigence de la correspondance.

Dans chacun de ces postes une seule pile suffit, même

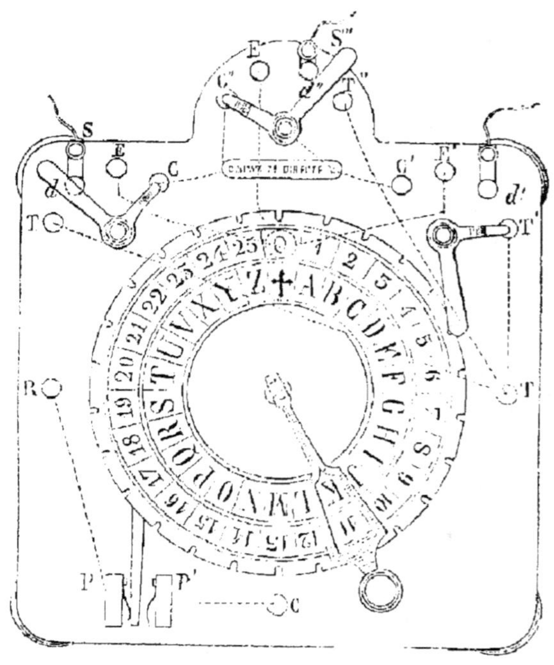

(Fig. 23.)

quand, dans les stations de la troisième classe, on aurait à correspondre avec deux postes en même temps.

Tous les fils nécessaires à la transmission du courant dans les différents appareils partent du manipulateur.

Le manipulateur d'une station de tête est le même que celui d'une station intermédiaire.

Seulement, dans la première on ne fait usage que d'un seul côté, et dans la seconde on emploie les deux côtés, en faisant arriver le fil d'une direction, par exemple au bouton L, et celui de l'autre en L' (*fig.* 18). Celui à trois directions (*fig.* 23) porte trois systèmes de boutons et contacts, et trois commutateurs de ligne : le fil d'une direction se fixe en L, celui de la seconde en L', et le fil de la troisième en L .

Dans chaque système de contacts les mêmes lettres indiquent la même chose ; ainsi :

R, récepteur, S, sonnerie.

S, S', S , bouton où s'attache un fil conducteur allant rejoindre le bouton gauche de la sonnerie.

R, bouton où s'attache un fil semblable rejoignant le bouton droit du récepteur.

A présent que nous venons d'indiquer le nombre des sonneries nécessaires, suivant l'usage ordinaire, nous allons parler d'un moyen qui permet d'en supprimer quelques-unes.

Depuis quelque temps on a pensé à faire usage de relais pour diminuer le nombre des sonneries ; mais nous nous dispenserons de décrire ici la forme de cet appareil ; on la trouvera à l'art. 61, où nous traitons de l'appareil de Morse ; bornons-nous ici à en expliquer l'usage.

La première application, comme simplification du nombre de sonneries, qui en a été faite par nous, l'a été au chemin de Saint-Germain, et à la demande de la Compagnie. La station de la gare de Paris communiquant à beaucoup d'endroits, il devenait nécessaire d'avoir autant de sonneries. Pour éviter cet encombrement d'appareils, l'ingénieur, M. Regnault, dans le service duquel se trouve le télégraphe, nous a commandé un relais multiple, puisqu'il devait correspondre à six stations, et n'employer qu'une seule sonnerie.

Nous avions déjà employé ce principe de relais, il y a deux ans, sur les chemins d'Orléans et de Rouen, où, au moyen du bras de la palette du récepteur, on établit le courant d'une pile additionnelle (et même on se sert, pour plus de simplicité, de la pile même de la station), qui fait fonctionner une sonnerie de nuit, laquelle, pour ce cas, est placée dans l'appartement du chef de gare. Un commutateur est disposé pour que l'employé ait la faculté de ne permettre à la sonnerie de fonctionner qu'en temps opportun.

Le chemin de l'Ouest et celui de Rouen commençant aussi à adopter ce système, nous avons profité de ce que nous parlions du télégraphe de Morse, pour donner une explication détaillée du relais. — L'instrument peut varier un peu dans sa forme, mais le principe tout entier reste.

Celui de Morse sert seulement à armer l'électro-aimant qui fait pointer sur le papier; mais le nôtre remplit deux fonctions : il arme l'électro-aimant de la sonnerie, et de plus il laisse sortir un petit bouton, qui indique par sa présence quelle est la station qui demande à correspondre.

DISPOSITION DES FILS.

30. [1] La disposition des fils d'un poste télégraphique est représentée en détail (*planche II*). Chaque fil partant du commutateur C et du manipulateur M étant numéroté, il sera facile de suivre le parcours de chacun d'eux et de voir où ils aboutissent.

R, indique le récepteur.

S', S, les sonneries.

B, B, la boussole.

La pile est censée placée sous la table, ainsi que la communication à la terre.

Les quatre fils partant du commutateur sont ainsi répartis ; le fil 1 va au pôle cuivre de la pile.

Le fil 2 aboutit à un second pôle cuivre pris à 10 ou 15 éléments plus loin.

Le fil 3 va s'attacher directement au pôle zinc, qui est le zinc du dernier élément.

Le fil 4 enfin est celui qui va se relier à un autre fil que l'on a enfoncé profondément en terre, pour établir la communication avec le sol.

Il est inutile de parler des autres fils, le dessin donnant suffisamment leur parcours depuis le point de départ jusqu'à leur point d'arrivée.

MARCHE DU COURANT.

31. Il est essentiel d'abord de remarquer que le cadran

---

[1] Nous suivrons ici la disposition de l'ancien manipulateur.

manipulateur porte 26 divisions [1], et que toutes les fois que la manivelle passera sur un nombre impair, le levier H (*fig.*18) sera en contact avec P ; au contraire, quand cette manivelle arrivera sur un nombre pair, le levier sera en contact avec P. — Dans le premier cas, le courant sera lancé dans le fil de la ligne ; dans le deuxième cas, il y aura une interruption du courant.

Ainsi, comme nous l'avons déjà dit à l'article manipulateur, par un tour de manivelle le courant sera établi treize fois et interrompu treize fois.

Quand on est sur les nombres impairs, le courant venant du pôle cuivre (*fig.* 18) arrive au bouton C, passe dans la pièce P au moyen d'une communication métallique faite par dessous et indiquée par une ligne ponctuée, puis suit le levier H, traverse le cadran et arrive à la colonne du cadran qui est sous la croix ; de là se distribue à droite et à gauche aux contacts E, E', et supposant alors que le commutateur de la ligne L' soit en contact avec E', le courant continue sa marche par la languette, suit le fil 7 qui va à la boussole, traverse celle-ci, et arrive au fil de la ligne.

Ceci est la marche du courant dans le cas d'un poste qui attaque.

Voici maintenant ce qui arrive pour un poste qui reçoit.

---

[1] Ce nombre est celui en usage pour tous les télégraphes que nous construisons pour les chemins de fer français, mais il est porté à 28 dans les appareils construits pour l'Italie et l'Espagne. Néanmoins, comme ce n'est qu'un changement de forme et non de principe, les explications ci-dessus s'appliquent également aux uns et aux autres.

Le courant, après avoir parcouru le fil de la ligne, arrive dans la boussole, de là au commutateur de la ligne L', suit la languette qui le conduit en E', passe à la colonne du manipulateur placée sous la croix, traverse celui-ci et passe dans le levier H, qui dans ce cas est en contact avec P'; de P' il se distribue dans l'un et l'autre des boutons R, D (pour le cas qui nous occupe, c'est seulement celui du côté gauche du dessin); de là il passe par le fil 6 dans le bouton de droite du récepteur, parcourt le fil qui s'enroule autour de l'électro-aimant, ressort par le bouton gauche et revient par le fil 5 au manipulateur, en aboutissant à R G, qui communique au bouton T (lequel est, comme l'on sait, la communication à la terre), et par le sol retourne à la station d'où il est parti, rentre par le bouton T du manipulateur de cette station et arrive enfin au pôle zinc de la pile.

Pour qu'il y ait développement d'électricité, il faut qu'il y ait entre les deux pôles de la pile ce que l'on est convenu d'appeler un circuit fermé, quelle qu'en soit la forme. Dans le cas qui nous occupe, ce circuit est formé du fil de la ligne, des différentes parties des appareils, et de la terre comme conducteur de retour.

USAGE DES APPAREILS TÉLÉGRAPHIQUES.

52. Nous prendrons pour exemple le cas de la seconde classe, qui comprend nécessairement la première. On a vu qu'il n'y avait toujours qu'un manipulateur, un récepteur, mais deux sonneries et deux boussoles,

Dans l'état de repos ou d'attente, les deux ressorts L et L' doivent être tous deux sur les contacts S , S', afin qui si l'un des postes envoie son courant, il fasse partir la sonnerie qui est en rapport avec lui.

L'aiguille du récepteur doit être sur la croix, ainsi que la manivelle du manipulateur.

La première chose à faire, c'est de voir si tous les petits fils partant du manipulateur sont en contact parfait; on s'en assurera en touchant les boutons, afin de resserrer ceux qui, par une cause quelconque, pourraient être desserrés.

Si l'on veut attaquer une station, on portera, par exemple, le ressort L qui lui correspond sur le contact E, puis on fera un tour avec la manivelle du manipulateur, et comme à l'autre poste le ressort semblable L doit être sur le contact S, la sonnerie se mettra en mouvement, le stationnaire sera alors averti, et aussitôt il portera son ressort L sur E, puis il répondra par un tour de la manivelle de son manipulateur, en revenant toujours se placer à la croix.

Alors l'employé de la première station, étant sûr de la présence de son correspondant, transmettra sa dépêche. Quand elle sera terminée, il fera deux tours de manivelle en s'arrêtant sur le *z*, puis enfin à la croix, cela s'appelle le *final*. Immédiatement celui qui aura reçu fera un tour de manivelle pour accuser réception. On peut aussi faire les lettres *c o* et les deux tours du final, pour dire que l'on a compris.

Les commençants devront manipuler d'abord avec lenteur, et ne pas chercher à faire plus de 20 lettres par minute ; peu à peu les employés devenant plus sûrs d'eux-mêmes, et plus confiants dans leurs appareils, pourront arriver à une vitesse de 60 lettres par minute. Nous avons vu des employés envoyer de Paris à Rouen 95 à 100 lettres par minute, dans un service régulier ; mais, en général, on aurait fait, à la fin de la journée, une somme de travail utile plus considérable en se servant d'une vitesse de 40 lettres qu'en employant une plus grande vitesse ; car par là on évite les répétitions qui arrivent le plus souvent par des erreurs de lecture et font perdre beaucoup de temps. — Les récepteurs tels que nous les construisons peuvent faire 4,000 signaux par minute, mais cette quantité est considérablement diminuée par le temps que l'on met pour chercher la lettre que l'on veut envoyer, et par le temps d'arrêt nécessaire quand on y a placé la manivelle, afin de donner le temps au correspondant de lire la lettre envoyée.

Il est bien plus aisé de transmettre avec vitesse que de lire. Quand on transmet, on sait la lettre que l'on va faire, tandis que pour celui qui reçoit c'est l'imprévu.

Mais il est fort avantageux néanmoins que la machine puisse aller très-vite, parce qu'alors celui qui transmet use de cette vitesse pour aller d'une lettre à une autre, ce qui lui permet de marquer un peu mieux les temps d'arrêt, et c'est là une excellente condition pour une bonne lecture.

Quand on passe trop lentement d'une lettre à une autre, le temps d'arrêt sur la véritable lettre se confond avec celui qu'a mis l'aiguille à passer successivement sur les lettres intermédiaires.

Si dans le cours d'une transmission les signaux deviennent inintelligibles, on arrête le correspondant par un tour de la manivelle du manipulateur, ce qui s'appelle *couper la dépêche*, et l'aiguille du récepteur étant promptement ramenée à la croix au moyen du petit bouton moleté placé à la partie supérieure de la boite, on attend quelques secondes pour être sûr que le correspondant a pu faire la même opération ; puis on porte la manivelle sur les deux lettres R et Z suivies du dernier mot avant celui non compris, pour indiquer que ce n'est que depuis là qu'il faut répéter, et faisant le final; le correspondant reprend le mot et continue la dépêche.

Ainsi il est rigoureusement nécessaire que l'employé qui transmet une dépêche fixe les yeux de temps en temps sur son récepteur, afin de s'assurer que sa dépêche n'est pas coupée; car sans cette attention, il irait inutilement jusqu'au bout de la dépêche, et seulement alors il apprendrait que l'on n'a rien compris : il faudrait donc tout répéter, ce qui serait une grande perte de temps.

Quand on transmet, il faut conduire la manivelle très-régulièrement, s'arrêter un temps bien marqué sur les signaux à envoyer, et ne pas lever la manivelle avant d'avoir porté d'avance les yeux sur le signal qui doit suivre; par ce moyen il n'y aura aucune hésitation.

La méthode de chercher la lettre pendant que la manivelle est en mouvement est défectueuse, en ce que cela fait faire des mouvements de va-et-vient qui amènent de faux contacts, lesquels font avancer l'aiguille du récepteur correspondant, et cela, par conséquent, produit des erreurs.

Si l'on a dépassé la lettre sur laquelle on devait s'arrêter, il faut continuer en faisant le tour entier pour revenir à la lettre voulue; de cette manière l'aiguille du récepteur fait aussi un tour et arrive sans erreur au signe voulu. Si l'on reculait, l'aiguille, qui ne peut qu'avancer, aurait dépassé le vrai signe d'autant de lettres que l'on en aurait passé.

C'est un usage reçu de ne jamais faire deux mots de suite sans qu'ils soient séparés par la croix, cela donne de la netteté à la réception.

Il faut avoir bien soin de ne jamais mettre les commutateurs de ligne sur bois, mais, au contraire, de les placer soit sur le contact du récepteur, soit sur celui de la sonnerie; car, quand ils sont sur bois, le courant ne pouvant circuler, la boussole ne bouge pas, et son inaction pourrait faire croire qu'il y a un fil cassé, soit sur la ligne, soit dans le poste.

Si l'on attaque son correspondant et qu'il ne réponde pas, on fera mouvoir de nouveau la manivelle, en observant si l'aiguille de la boussole fait des oscillations.

55. Si l'on ne voit aucun mouvement, on devra penser qu'une rupture existe quelque part : on examinera la pile et les différents fils conducteurs; si rien n'est altéré, on pourra supposer que la rupture est sur la ligne, ou bien dans le poste correspondant. On s'assurera encore mieux de l'état du poste où l'on est, en reliant, par un conduc-

teur additionnel, peu loin de la station, le fil de la ligne à la terre, et si la boussole oscille, il est certain qu'on a son poste en bon état et que le dérangement vient de loin; mais si elle ne fait aucun mouvement, c'est qu'alors le dérangement est dans le poste.

Le premier cas peut tenir à plusieurs causes : d'abord, à ce qu'un fil serait rompu sur la ligne, ou dans le poste correspondant, ou bien encore à ce que l'employé aurait placé par mégarde son commutateur de ligne sur bois.

Dans ces circonstances, il n'y a pas autre chose à faire que d'attendre.

Le fil rompu sur la ligne peut quelquefois mettre en erreur; car si, en se rompant, il est venu à toucher le sol, il arrivera que le courant envoyé ira jusqu'à ce point de contact avec la terre et reviendra au poste d'où il est parti ; le correspondant n'aura rien reçu, et cependant l'employé qui aura envoyé le courant, voyant sa boussole osciller, croira que tout est en bon état, et accusera son correspondant de négligence. Ceci se présente quelquefois. On peut souvent le deviner, parce qu'en restant sur un contact, la boussole doit dévier bien plus qu'à l'ordinaire, puisque le circuit est bien plus court que dans l'état normal de la communication directe.

Quand une dépêche est destinée à une station plus éloignée que celle avec laquelle on est directement en correspondance, on demande à celle-ci la *communication directe*, et l'employé qui reçoit cette demande place alors ses deux commutateurs de ligne sur la bande de cuivre où sont gravés ces mots.

Par cette disposition, l'électricité passe dans le poste sans manifester sa présence dans les appareils autrement que dans les boussoles, dont on voit les aiguilles osciller tout le temps que dure la correspondance.

RÉGLAGE DU RÉCEPTEUR.

54. Toutes les fois que dans le cours d'une transmission le récepteur ne marchera pas bien, ce qui peut dépendre de plusieurs causes indépendantes de l'appareil, qu'il y aura hésitation dans les mouvements de l'aiguille, on dira au correspondant de tourner, en faisant seulement les deux lettres TZ, ce qu'il exécutera en faisant faire plusieurs tours à la manivelle du manipulateur, sans s'arrêter et d'un mouvement uniforme, jusqu'à ce qu'on le fasse cesser en le coupant par un tour de roue ; ainsi, il faudra donc qu'il ait les yeux fixés sur son récepteur pendant tout le temps qu'il tournera, afin de voir le moment où on le coupera ; cette attention est de rigueur, car autrement on prendrait un temps très-long pour une opération qui ne doit durer que quelques secondes.

Il peut arriver deux cas qui fassent qu'un appareil soit déréglé, ou que le courant ne soit plus dans l'état de premier établissement ; ces deux cas, les voici : 1° l'aiguille s'arrête de préférence sur les nombres impairs ; 2° l'aiguille s'arrête sur les nombres pairs.

Dans le premier cas, l'action magnétique est trop forte : alors on place la clef de cuivre sur l'axe du petit cadran, puis on tourne doucement de gauche à droite, afin de tendre le petit ressort qui rappelle la palette, jusqu'à ce que l'aiguille se meuve d'un mouvement régulier.

Dans le second cas, celui où l'aiguille s'arrête sur les nombres pairs, cela signifie que l'action magnétique est trop faible et qu'elle ne peut vaincre la tension du petit ressort à boudin qui empêche alors la palette d'être attirée : pour remédier à cela, on tournera la clef de cuivre de droite à gauche, mais toujours par petites quantités.

Le dernier cas en renferme un troisième, c'est-à-dire que, ayant dit au correspondant de tourner, l'aiguille ne pourra pas bouger et restera sur la croix ; ce qui ferait d'abord penser que l'on ne tourne pas, ou bien que le courant est interrompu. Mais avant de porter aucun jugement il faudra regarder la boussole, et le mouvement de l'aiguille ou son inaction indiqueront ce qu'il en est. Si l'aiguille est agitée, on est assuré que le courant passe ; mais, l'aiguille du récepteur restant sur la croix, c'est comme si elle était sur un nombre pair, ce qui, comme l'on voit, indique une action trop faible, et l'on retombe dans le cas précédent.

Le changement d'intensité du courant peut dépendre de plusieurs circonstances :

1° Il se produit quelquefois une perte sur la ligne où le fil, par une cause imprévue, se trouve être en communication plus ou moins directe avec le sol, par le contact soit avec un poteau, soit avec les parois d'un tunnel. Il y a dans ce cas une dérivation, le courant se divise en deux ; et comme le sol conduit beaucoup mieux que le fil, il s'ensuit que des deux fractions du circuit qui partent du point de dérivation, celle qui revient par le sol au point de départ est presque toujours d'une plus grande intensité que celle qui continue son chemin par le fil ; et il n'arrive ainsi à la station éloignée qu'une portion trop faible du courant pour faire mouvoir l'appareil télégraphique.

Cela a lieu surtout dans les temps de pluie, parce que, dans le cas où un fil est très-près d'un corps conducteur, le petit intervalle qui les sépare se trouve rempli par de l'eau, et, à l'instant, il s'établit une dérivation.

2° Le fil étant dans les meilleures conditions d'isolement, il peut se faire que la communication qu'on a établie à la terre soit défectueuse ; que l'on n'ait pas assez creusé la terre pour atteindre avec certitude le sol humide, ce qui ferait alors une mauvaise communication dans les temps secs. Il arrive aussi que le fil que l'on a placé dans le sol s'est tellement altéré par l'oxydation, qu'il se trouve rompu ; il y a solution de continuité, ou bien il ne touche que par une pointe excessivement fine.

3° Le courant peut se trouver affaibli par un mauvais état de la pile, provenant de ce qu'on ne l'entretient pas suffisamment de sulfate de cuivre, et qu'en mettant trop d'eau dans les vases celle-ci déborde, et rendant humide le fond de la boîte qui contient la pile, il y a communication de tous les éléments entre eux et avec le sol, ce qui amène une diminution du courant.

La pile étant à la portée de l'employé, il lui est facile d'en avoir soin ; il est indispensable de suivre les instructions données page 52.

4° En supposant l'intensité de la pile constante dans

chaque poste, et considérant que la distance qui les sépare
est variable, on conçoit que le courant, éprouvant une
résistance proportionnelle à la longueur de la ligne, doit
varier dans son intensité quand, d'une station, on veut
correspondre successivement à toutes celles plus éloi-
gnées; mais on a un régulateur de pile (*fig.* 16), qui est
placé à droite du manipulateur, et qui porte trois ou
quatre contacts au moyen desquels on peut faire usage à
volonté de dix, quinze et vingt éléments, suivant la distance à parcourir.

Afin de faire cette opération sans hésitation, on place
vis-à-vis de chaque contact le nom de la station à laquelle
correspond le nombre d'éléments indiqué.

Il se présente quelques anomalies dans l'intensité du
courant. On trouve assez souvent que le courant venant
d'une station proche est plus fort que celui venant d'une
station plus éloignée : cela tient à ce que les piles ne sont
pas tenues avec le même soin; que l'une est négligée, et
l'autre, au contraire, bien tenue ; il peut se faire quelquefois aussi que l'employé de la station la plus près, venant
de correspondre avec une autre au delà très-éloignée, ait
oublié de diminuer le nombre de ses éléments, en travail-
lant à une plus courte distance.

De tout cela concluons que les employés ne sauraient
être trop attentifs dans les soins à donner à leur pile,
soins du reste qui sont très-minimes et très-faciles ; et, en
suivant nos instructions, ils peuvent être certains d'avoir
peu de dérangements et de faire un bon service.

DES EFFETS DE L'ÉLECTRICITÉ ATMOSPHÉRIQUE
DANS LES TEMPS D'ORAGE ET DU MOYEN D'Y REMÉDIER.

55. Les circonstances dans lesquelles les télégraphes électriques ne peuvent fonctionner, et qui sont tout à fait indépendantes de la constitution des appareils, sont heureusement fort rares et de courte durée.

Cela a lieu quand l'atmosphère se trouve chargée d'électricité, ce que l'on reconnaît aux symptômes suivants : si l'on est sur l'attente, c'est-à-dire si le commutateur de ligne est sur le contact D, qui est celui de la sonnerie, celle-ci se met à sonner ; et si, sur ce faux avertissement, on se place sur le récepteur, on voit aussitôt l'aiguille se mouvoir par sauts, en faisant deux lettres chaque fois ; cet effet est produit à chaque éclair, quoique cet éclair puisse être très-éloigné.

Si, d'après l'apparence du ciel, l'orage paraît devoir être fort, il faudra de chaque côté placer les deux commutateurs de ligne sur le bouton de sonnerie marqué T, parce que, comme on l'a vu, ce bouton est en communication avec le sol, et l'électricité atmosphérique passera ainsi dans la terre directement sans traverser les appareils, ce qui évitera qu'ils ne soient détériorés.

Si les appareils sont placés dans le circuit et que le tonnerre vienne à éclater, il arrive quelquefois que les fils qui sont dans le poste, ainsi que ceux des électro-aimants, rougissent par la chaleur développée par le passage d'une électricité très-intense, ces fils même peuvent être fondus, et alors sont projetés de tous côtés avec bruit.

Dans la première circonstance, les cylindres de fer sont fortement aimantés, c'est-à-dire qu'ils gardent une quantité de magnétisme suffisante pour altérer l'usage des appareils.

Quand l'autre circonstance a lieu, le fil de l'électro-aimant étant rompu, toute communication est interrompue, l'appareil est hors de service ; mais, d'après la disposition que nous avons adoptée pour cette partie de la machine, elle peut se remplacer très-aisément, puisqu'il suffit de desserrer la bande de cuivre qui maintient les bobines sur l'aimant pour enlever le tout, et substituer un autre électro-aimant ou d'autres bobines.

Quand on voit l'orage se former, ces précautions peuvent être prises; mais il arrive assez souvent qu'un effet de la foudre produit dans une station a sa cause dans un endroit trop éloigné pour qu'on en ait eu connaissance, et alors on ne peut prévenir les accidents.

56. En 1846, au mois de mai, un orage violent eut lieu à Saint-Germain, et il arriva qu'au moment de l'apparition d'un éclair tous les fils de la station du Vésinet, au bas du chemin de fer atmosphérique, furent brûlés et les appareils mis hors de service.

Cet événement nous suggéra l'idée d'appliquer un fait bien connu en physique : c'est que plus un fil est mauvais conducteur, plus il s'échauffe par le passage d'un courant électrique, et que cela peut même aller jusqu'à la fusion.

57. C'est là que nous fîmes la première application de ce principe, laquelle depuis a été adoptée partout. Nous er

avons fait un petit appareil appelé paratonnerre (*fig.* 24);
il consiste en une petite planche sur laquelle sont placés
deux boutons à une distance de 6 à 7 centimètres, un fil
très-fin F en fer les relie entre eux. Cet appareil s'intercale dans le fil de ligne, de manière que, de quelque côté
que soit dirigé le courant, il passe toujours dans le paratonnerre. Nous avons choisi le fer, parce que, comme nous
l'avons vu, il est cinq à six fois moins bon conducteur que

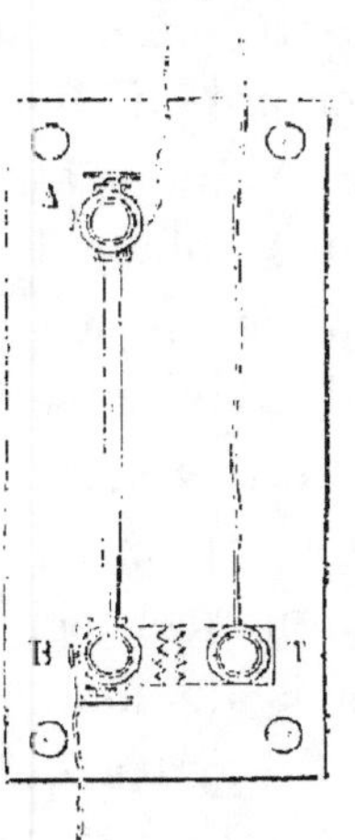

(Fig. 24.)

le cuivre à diamètre égal, et encore, autant que nous le
pouvons, nous le prenons plus fin que le fil des bobines.
Ainsi, non-seulement il ne peut, d'après sa section, laisser
passer qu'une quantité d'électricité toujours moindre que
celle nécessaire pour faire fondre le fil de cuivre ; mais
encore, si la quantité augmente, c'est lui qui supporte les
avaries. Ce fil se remplace aisément, et tout est remis de

suite dans le premier état. Ce fil est placé dans un tube de verre, afin qu'on ne puisse pas le toucher, et le casser accidentellement. A chaque extrémité du tube de verre sont deux montures en cuivre A et B, auxquelles le fil est fixé, et qui établissent sa communication métallique avec les deux boutons, où ces deux montures sont serrées par des écrous. En cas d'accident, il ne s'agit donc que de remettre un tube à la place d'un autre.

A côté du bouton B en est un autre T qui est relié à la terre ; ces deux boutons sont portés par des plaques de cuivre dentelées, et dont les pointes sont en regard, très-près les unes des autres ; c'est afin (comme dans le commutateur complexe, *fig.* 17) que si le fil de la ligne se trouve chargé d'électricité, il puisse se décharger en partie par ces pointes.

Avec cet appareil, il n'y a plus aucun danger ni pour les employés, ni pour les appareils.

Ce petit instrument vient d'être attaqué dans le premier numéro d'un journal publié sous les auspices de l'administration télégraphique ; il y est dit qu'il manque son but, et qu'il est dangereux pour les employés. La personne qui a rédigé l'article était mal informée, car nous pouvons montrer diverses attestations des chemins de fer, qui rendent pleine justice à sa *parfaite utilité*, ainsi qu'à son caractère *inoffensif*. A l'étranger, comme en France, il nous est très-demandé, et nous ne pouvons comprendre la *peur* qu'on a voulu faire d'un si petit et si bienfaisant appareil.

58. Pour ce qui regarde la sûreté des employés, nous

recommanderons instamment de ne jamais faire entrer de gros fils dans l'intérieur des postes, cela pouvant être dangereux ; car d'un fil de 3 à 4 millimètres de section il peut s'échapper des étincelles à grande distance, et capables de blesser une personne. Il faut absolument les arrêter en dehors, et n'établir la communication avec le télégraphe qu'au moyen de fils d'un petit diamètre. Quand on le pourra, il sera encore préférable d'arrêter le gros fil à 1 mètre ou 2 de la station.

Depuis que nous avons placé ce paratonnerre, et nous en avons installé quelques centaines, nous n'avons eu qu'à nous en louer ; partout où il existe, aucun accident n'est survenu aux appareils.

TÉLÉGRAPHE MOBILE DE BREGUET.

59. Nous avons terminé ici tout ce qui regarde les appareils en usage dans les stations, nous allons maintenant expliquer un télégraphe dont le but est de pouvoir communiquer avec les stations d'un point quelconque de la ligne ; aussi, contrairement à ceux ordinaires, qui sont fixes, l'avons-nous nommé *télégraphe mobile.*

Cet instrument, inventé par nous en 1848, a été disposé pour être placé sur un train, afin qu'en cas d'un accident qui amène l'arrêt du train, on puisse en prévenir immédiatement les deux stations entre lesquelles on se trouve.

L'appareil (planche III) se compose d'une boîte en chêne, contenant :

1° Une pile de 18 éléments renfermés dans le fond B, B ;

2° Un récepteur R ;

3° Un manipulateur M ;

4° Une petite boussole G ;

5° Deux bobines de fil de cuivre L et T.

Il est pourvu d'une longue canne à tirage, à l'extrémité de laquelle est un crochet en cuivre destiné à mettre la bobine L en communication avec le fil de la ligne.

La bobine T se met en communication avec la terre au moyen d'un coin en fer, que l'on enfonce entre deux rails.

Tout ce que nous avons dit des autres télégraphes s'applique également à celui-ci. Seulement la pile, qui est toujours à sulfate de cuivre, est cependant un peu différente, en ce que, au lieu de faire usage d'eau à l'état liquide, nous employons du sable humide, avec de l'eau pour le zinc, et avec du sulfate de cuivre dans le vase poreux. Ce changement était nécessaire, car de l'eau seule aurait bientôt été projetée hors des vases par les secousses qu'éprouvent les wagons en marchant. On emploie aussi une autre disposition qui rend plus facile le nettoyage de la pile ; elle consiste à mettre le sulfate et l'eau à l'état liquide, et à fermer les ouvertures du vase de verre et du vase poreux avec du liége : cela paraît réussir complétement sur le chemin de fer d'Orléans, où l'employé chargé de leur entretien a eu l'idée de faire cet arrangement.

Voici maintenant la manière de faire usage de l'appareil. Supposons-le placé sur un train en mouvement, et que ce dernier vienne à s'arrêter entre Paris et Juvisy, deux stations du chemin de fer d'Orléans. Dans cet état, le train a besoin de secours ; alors un employé lèvera le couvercle CC de l'appareil, prendra le fil de la bobine L, l'attachera à la canne, puis accrochera celle-ci au fil de la ligne ; prenant ensuite la bobine T, il y attachera le coin en fer et le fixera entre deux rails. Cela fait, il tournera la manivelle de son manipulateur, en l'arrêtant sur un contact ; il verra si sa boussole dévie, et, s'il en est ainsi, il est assuré que son courant passe, et il se portera à la croix. Dans cette position, son courant s'est divisé en deux parties, l'une vers Paris et l'autre vers Juvisy, il aura donc fait partir au même instant les sonneries de ces deux stations. L'une des stations répondra plus vite que l'autre, et tout ce qu'elle dira passera dans l'appareil mobile ; et si on avait le temps de les laisser parler entre elles, on aurait leur conversation entière. Mais aussitôt que l'on voit que l'une d'elles répond, on la coupe et l'on fait savoir que c'est le télégraphe du train qui demande la correspondance.

Quand on veut toucher ou visiter la pile, il faut défaire les crochets D, puis enlever le dessus en soulevant d'abord l'extrémité où est placé le manipulateur.

Pour remettre le dessus en place, on commencera par mettre le côté du récepteur, puis on abaissera le côté du manipulateur, ce qui mettra en contact par la pression deux boulons en cuivre avec les deux pôles de la pile. Ces deux boulons sont en relation avec les diverses parties de l'appareil, au moyen de conducteurs placés sous la planche du manipulateur.

Le chemin du Midi, qui cherche et accepte avec tant d'empressement tous les perfectionnements qui peuvent servir à la sécurité du chemin de fer, a aussi adopté, de même que ceux d'Orléans et du Nord, les appareils mobiles ; mais il a, sur l'avis de M. Régnault, sous-chef du mouvement du chemin de l'Ouest, supprimé la pile [1]. Alors, un fil spécial est placé sur la ligne, dans lequel passe un courant continu ; une pile étant toujours en action aux diverses stations.

Dans une nouvelle édition, que nous sommes en train de faire, nous reviendrons là-dessus, en donnant en détail tout le système télégraphique en usage sur le chemin du Midi.

Nous avons terminé ici ce que nous avions à dire sur les télégraphes usités en France ; nous allons maintenant dire quelques mots de ceux qui sont le plus en usage à l'étranger.

---

[1] Dans une nouvelle édition dont nous nous occupons, nous mettrons en détail divers instruments inventés par M. Régnault, déjà en usage sur le chemin du Midi, ainsi que sur celui de l'Est.

TROISIÈME PARTIE.

TÉLÉGRAPHES ÉTRANGERS.

60. Le seul usité en Angleterre, et dans quelques États de l'Allemagne, est le télégraphe à multiplicateur à une ou deux aiguilles, ou le télégraphe Wheatstone.

La figure 25 donne l'extérieur de l'instrument. Sur le

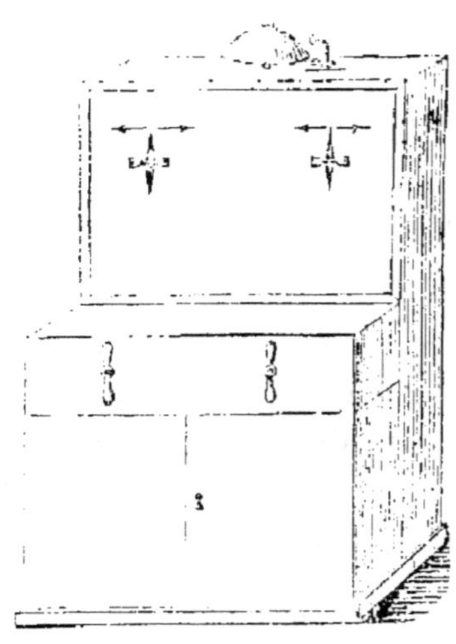

(Fig. 25.)

devant sont deux aiguilles ayant une position verticale ; dans le bas sont les deux manettes qui servent à le faire mouvoir.

Les signes ou lettres sont représentés par les oscilla-

tions, soit d'une aiguille, soit de toutes deux ensemble ;
leurs excursions sont limitées à de forts petits arcs, par de
petites chevilles contre lesquelles elles viennent butter.

Par exemple, aiguille gauche :

1 mouvement à gauche sera le signe + dans nos télégraphes et se fera après chaque mot.

2 mouvements représenteront A.

3 mouvements représenteront B.

1 mouvement à gauche, puis 1 à droite, C; et ainsi de
suite.

On voit de quelle manière on peut se former un alphabet.

Les mouvements des aiguilles sont produits par des
mouvements semblables des manettes. Chaque fois que
la main se porte d'un côté ou de l'autre, elle fait mouvoir
un commutateur qui change le sens du courant, et, par
conséquent, fait dévier l'aiguille dans un sens et dans
l'autre.

Nous allons donner (*fig.* 26) une vue de côté de l'intérieur de l'appareil ; les deux parties étant tout à fait semblables, on se fera facilement une idée du tout.

A est le multiplicateur, qui est formé d'environ 300 mètres du fil de cuivre convert de soie. Le fil est enveloppé
sur deux cadres, séparés par une petite distance pour
donner passage à un axe horizontal *b* qui porte deux aiguilles, une qui oscille dans l'intérieur, et l'autre qui
paraît devant le cadran : toutes deux sont aimantées ; cette
disposition présente donc le système de Nobili. Le courant
agit sur les deux aiguilles dans le même sens. Celle qui

est extérieure sert en même temps d'indicateur. Le manipulateur ou commutateur, qui est dans le bas de l'appareil, consiste en un axe *cd* dont la partie du milieu *e* est en ivoire, et les autres parties *c* et *d* en métal.

L'extrémité *c* porte une poignée ou manette, et l'autre *d* un tourillon qui tourne dans la pièce *q*.

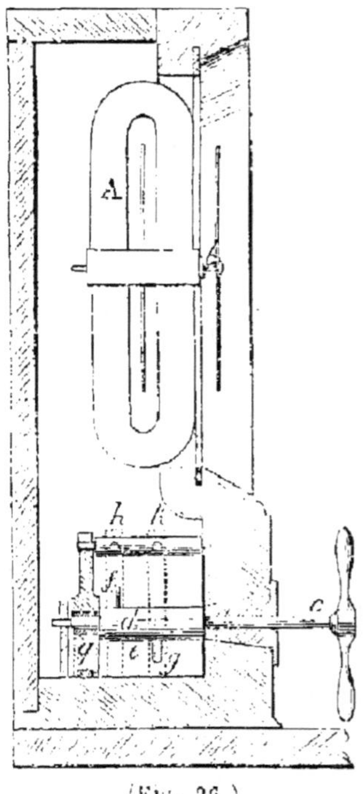

(Fig. 26.)

Sur la partie *d* est une cheville *f*, parallèle à la poignée. Elle est placée verticalement dans l'état de repos.

Dans la direction opposée et parallèle est une cheville *g* fixée sur la partie *c*.

Des pôles de la batterie viennent aboutir aux écrous Z et C (*fig.* 27), et communiquent aux ressorts intérieurs

k et *m*, qui appuient, l'un sur la partie *c* et l'autre sur la
partie *d*, et sont de la sorte en liaison avec les chevilles *g* et
f qui deviennent alors les pôles de la batterie.

Deux ressorts *h* et *h'* sont placés sur la base de l'instrument; ils appuient contre deux pointes *i*, qui sont portées
par une colonne fixée au fond de la boîte

(Fig. 27.)

L'un de ces ressorts *h* est relié avec le fil *l'* pendant
que l'autre *h'* l'est avec *l*⁴ par une petite colonne placée
sur son pied. Le courant venant par le fil *l'* passe par la
pointe *i*, ressort par *l*⁴, entre dans le fil du multiplicateur,
et arrive à *f*, où s'attache le fil qui vient de la station
éloignée.

Quand on veut envoyer un signal, on tourne la manette ou clef (*fig.* 26), par exemple, vers la gauche, ce qui porte la cheville f sur le ressort h' et la cheville g contre le ressort h; on voit que le ressort h a quitté la pointe i. Alors, voici la marche du courant. Le pôle cuivre est en **C**; le courant passe par m, dans la partie d de l'axe de la pointe f; il passe au ressort h, entre dans le multiplicateur par l^4, en ressort par l^3 et l^2, suit le sol, entre dans l'appareil du correspondant, où la clef est à droite, par le fil l et suit la marche que nous avons déjà indiquée plus haut; puis il

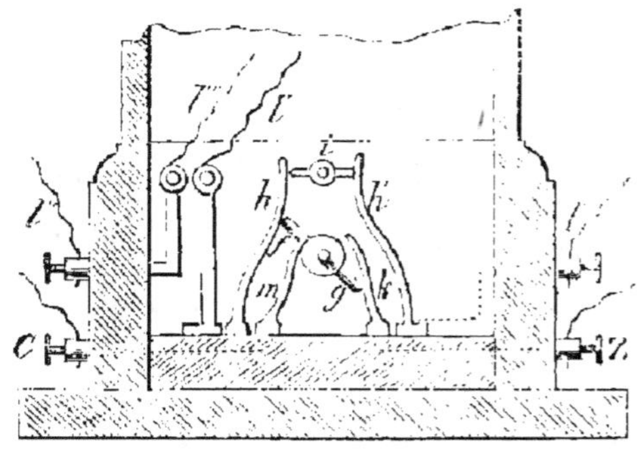

(Fig. 27 *bis.*)

revient par le fil au point de départ en l, puis h, g, et par la partie c de l'axe il revient au pôle zinc.

Si la clef était tournée de l'autre côté, la pointe f toucherait h et le point g le ressort h'; ce serait alors celui-ci qui quitterait la pointe i. On voit de suite que le courant serait changé de sens, puisqu'au lieu de sortir par la terre, il sortirait cette fois par le fil de la ligne. L'aiguille dévierait donc dans un autre sens.

Ce télégraphe a l'avantage d'être très-simple dans sa

construction, puisqu'il n'y a aucun rouage, la mécanique n'y est pour rien. Cependant nous préférons de beaucoup le télégraphe employé par l'Etat.

Les deux instruments se valent à peu près pour la vitesse ; le nôtre a cependant l'avantage, et je crois que cela vient de la nature des signaux qui, dans le télégraphe français, sont bien plus nets, et partant bien plus faciles à saisir au passage.

Les signaux anglais sont composés des petites oscillations d'une aiguille ; les signaux français sont composés d'un angle formé par une ligne invariable et une autre mobile.

Le télégraphe anglais, par sa construction, est plus sensible que le nôtre ; mais aussi il est plus souvent dérangé par les courants accidentels provenant de l'électricité atmosphérique.

TÉLÉGRAPHE AMÉRICAIN.

61. Le télégraphe de Morse est presque le seul qui soit employé en Amérique. Nous allons en donner la description ; et cela nous semble d'autant plus utile qu'il est en usage dans des pays voisins, qu'il vient jusqu'à nos frontières, et même il pénètre un peu chez nous ; par exemple, à la direction de Strasbourg, il y a, à côté du télégraphe français, un télégraphe de Morse qui correspond avec Kehl où est la première station du grand-duché de Bade.

La *fig.* 28 montre une base BB sur laquelle est posé le rouage SS mû par un poids, dont la corde *g* à laquelle il est suspendu s'enroule autour du cylindre l.

Une bande de papier P.P' est entraînée par deux cylindres o et o'.

M. électro-aimant.

H*et*, armature dont le centre du mouvement est en *c*,
et qui à l'autre extrémité *t* porte une pointe qui peut pres-
ser contre le papier qui passe sous le rouleau *o* ; *i* et *d*, vis
qui servent à régler le mouvement de l'armature.

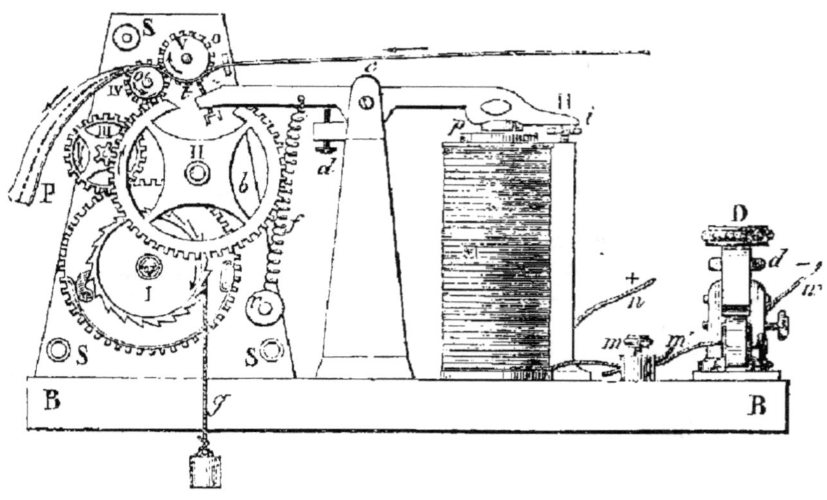

(Fig. 28.)

n, une extrémité du fil qui communique au pôle +
de la pile, l'autre bout est fixé au bouton *m*.

Le manipulateur ou clef (*fig.* 29) est formé d'un levier
DE*d'*, dont E est centre de mouvement.

v, partie métallique excédante qui peut, en s'abaissant,
venir toucher à la pièce en métal *q*.

r, est un ressort qui maintient le levier hors du contact.

d', vis qui, étant tournée, élève la partie F*d'* pour mettre v et q en contact permanent ; on dit alors que la clef est *fermée* ; dans le cas contraire elle est *ouverte*.

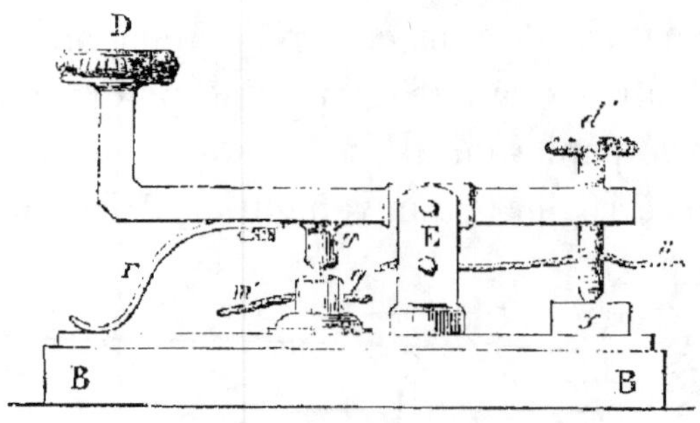

Fig. 29.)

Le bouton m (*fig*. 28) est en communication avec le fil m' de la clef.

A la colonne E s'attache le fil qui va d'une station à l'autre.

L'appareil en activité (*fig*. 30).

S,S' désignent deux stations en correspondance.

B, la batterie installée à la station S.

M,M', électro-aimant près de la machine.

E,E', les clefs ou manipulateurs.

WW', fil conducteur.

P,P, plaques qui sont dans la terre.

P communique avec le pôle—, et l'autre P' avec l'extrémité n du fil enveloppé sur l'aimant M'. Dans le repos, tant qu'il n'y a pas de correspondance, les deux clefs sont fermées, c'est-à-dire que v et g sont en contact. Par cette disposition le courant de la pile est aussi fermé et circule toujours ; l'armature est attirée, la pointe l se relève et presse contre le papier.

La direction du courant suit la marche ci après.

Du pôle+à M, il sort par n m', q, v, E w, w' E' v', q', m', M', n' et P' à la terre, par où il retourne à P.

Quand une station veut correspondre, par exemple S, l'employé ouvre sa clef en desserrant la vis d', ce qui interrompt le courant. Sur les deux stations, les armatures se détachent des électro-aimants.

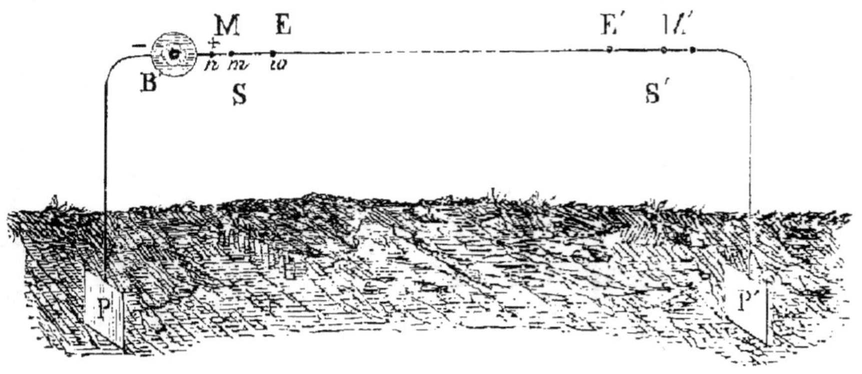

Fig. 30.

C'est en répétant ce mouvement rapidement que l'employé de la station S' est averti qu'on veut lui parler. Aussitôt il rend libre le rouage de sa machine, et le papier se met à passer rapidement devant la pointe t, au moyen de laquelle on fait les caractères de convention, en faisant des combinaisons de points et de traits, comme

$$.. \overline{} \quad . \overline{} \quad . ..$$
$$u \qquad f \qquad o$$

62. La pointe qui presse contre le papier exige une force assez grande, et l'on ne pourrait, à une grande distance, aimanter suffisamment un morceau de fer pour qu'il eût la force nécessaire à cette pression. Morse a tourné la difficulté en employant un second électro-aimant, auquel il a donné le nom de relais, parce qu'en effet quand on lui a donné sa force, il en met une autre en activité, au moyen d'une pile locale qui est à côté de l'instrument. Et comme le courant de cette pile n'a aucun conducteur étranger à traverser, elle dispose de toute sa force pour l'électro-aimant seul.

Voici cet appareil (*fig* 31):

MM', autre aimant.

A, l'armature.

C, son centre de mouvement.

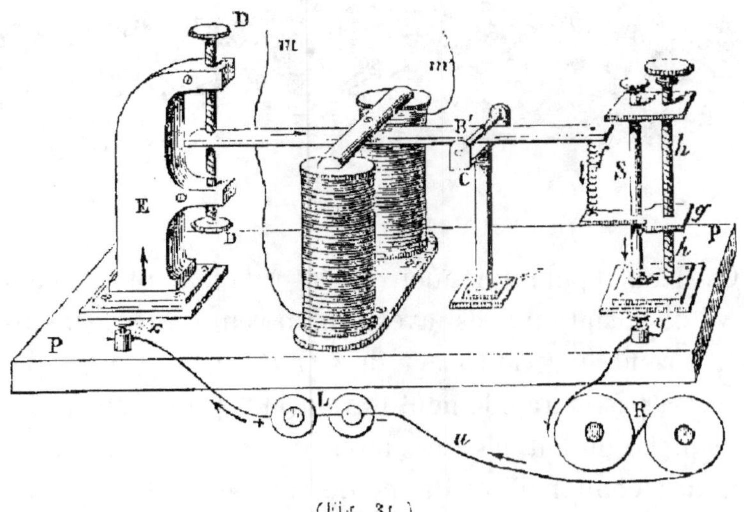

(Fig. 31.)

S, ressort qui sert à ramener l'armature après la cessation du courant.

B,B', les deux bras de l'armature.

D,D', deux vis qui règlent le mouvement d'oscillation

de l'armature, dont les étendues doivent être très-petites.

D, porte une pointe en ivoire, et D' est entièrement métallique.

L, pile locale.

R, électro-aimant qui représente par lui seul l'appareil (*fig*. 26).

P,P', les pôles de la batterie locale.

P communique avec E et par suite avec la vis D'.

P' communique avec le ressort S, et conséquemment avec les bras B',B de l'armature.

m,m', extrémités du fil de l'électro-aimant MM'.

L'électro-aimant MM' ayant seulement à faire baisser l'armature A en l'attirant, on voit que cela ne peut nécessiter que très-peu de force.

Cet aimant est relié directement avec le fil conducteur de la ligne électrique.

Voici sa fonction.

Quand la station éloignée envoie son courant, celui-ci passe dans MM', l'aimantation fait baisser A, et par conséquent le bras B, qui vient appuyer sur la pointe de la vis D'; à cet instant le circuit de la pile locale est fermé, et, partant du pôle +, le courant arrive en P, puis à E. continue par le levier B, et trouvant le ressort S, il descend, arrive en P', et parcourant le fil de l'électro-aimant B, en ressort pour revenir à la pile.

A cet instant, l'armature de l'appareil (*fig*. 26) a été attirée et elle a pressé le papier.

On conçoit que l'on peut donner à la pile locale toute la force nécessaire sans aucune difficulté, et qu'une force très-faible venant de très-loin puisse la faire fonctionner. Avec cette simple disposition, Morse a pu faire marcher son appareil à toutes les distances.

65. Il y a encore un autre appareil dont on fait usage en Amérique, mais bien moins répandu que celui de Morse. C'est l'appareil électro-chimique de Bain. Nous ne pouvons le passer sous silence.

Là il n'y a pas d'électro-aimant; la clef est la même que celle de Morse, et il y a un rouage pour faire dérouler une bande de papier.

Ce télégraphe est fondé sur ce principe qu'un courant électrique décompose un sel métallique, en faisant reparaître le métal au pôle négatif.

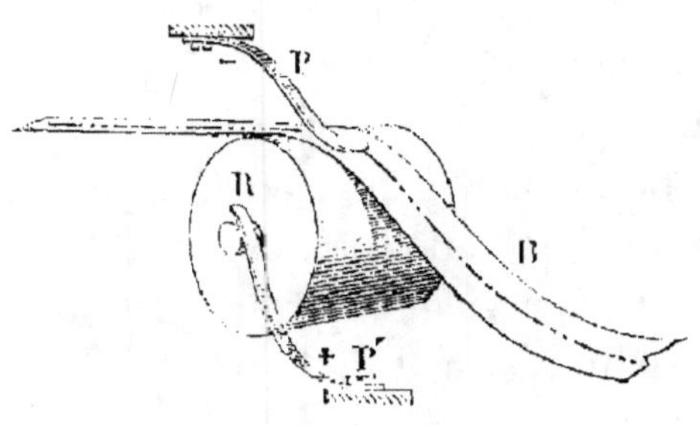

(Fig. 3.)

Soient F une bande de papier imprégnée d'iodure de potassium, par exemple, R un rouleau métallique sur lequel elle passe.

P, le pôle négatif d'une pile qui, au moyen d'un ressort, presse sur le papier.

P', le pôle positif

Et supposons que dans le circuit se trouve intercalée la clef (*fig. 26*).

Tant que le circuit ne sera pas fermé, le papier ne changera pas de couleur; mais du moment que l'on fera toucher q et v, une marque noire paraîtra aussitôt sur le papier, et la longueur de la marque dépendra du temps qu'on aura laissé le circuit fermé. Dès lors on voit que l'on fera un point en ne faisant que frapper, et un trait en restant un instant sur la clef; on pourra, par conséquent, former les signaux de la même manière qu'avec le télégraphe de Morse.

Mais, depuis, Bain a changé le mode d'envoi ou de manipulation; ce n'est plus la main d'un employé qui fait les signaux, ils sont envoyés par une machine sur laquelle ils ont été préalablement disposés.

Pour cela, il découpe dans une bande de papier des trous ronds et d'autres longs, ils sont groupés de la même manière que les signaux formés de points et de traits.

Si donc l'on pose cette bande de papier, ainsi percée, sur un cylindre métallique, et que la bande imprégnée d'une dissolution soit aussi placée sur un cylindre en cuivre, si sur cette bande on fait appuyer un ressort en métal, et qu'alors on fasse glisser la bande de papier, il arrivera que lorsqu'un trou passera sous le ressort, celui-ci touchera le cylindre; quand ce sera un espace sans trou, le ressort en sera séparé; un autre trou long venant à se placer sous le ressort, celui-ci sera de nouveau en contact avec le cylindre, et d'autant plus longtemps que l'ouverture sera plus longue, et ainsi de suite.

Ceci compris, mettons les deux appareils qui portent, l'un la bande de papier chimique, l'autre celle découpée, dans le même circuit d'une pile. Ce circuit sera fermé quand une ouverture passera sous le ressort, il y aura une marque noire sur le papier chimique ; un espace non découpé arrivant, le circuit est ouvert , la dissolution n'est pas décomposée, il n'y a point de marque noire , ainsi on aura sur la bande de papier chimique autant de marques qu'il y aura de trous dans la bande découpée, et ces marques devront avoir entre elles les mêmes proportions de grandeur que celles de la bande percée.

Il faut donc avoir un découpoir pour préparer la dépêche à envoyer, puis on la roule sur un cylindre et on la porte sur une machine qui la déroule, en la faisant passer rapidement entre un cylindre et un ressort.

Par ce moyen, Bain espérait envoyer beaucoup plus de signaux dans un temps donné qu'avec les autres télégraphes, mais jusqu'ici l'attente de l'auteur est loin d'avoir été réalisée.

L'idée n'en est pas moins ingénieuse, et pourra peut-être porter ses fruits.

DES LIGNES TÉLÉGRAPHIQUES.

64. Il y en a de deux espèces :

Celles dites aériennes ,

Celles dites souterraines.

Les premières sont composées comme suit :

Des poteaux en sapin, plus ou moins élevés suivant les localités, 6 à 9 mètres, placés chacun à 50 à 60 mètres de distance, et enfoncés dans le sol de 1 à 2 mètres. Ils sont injectés de sulfate de cuivre, pour éviter la pourriture du bois par l'humidité.

Sur chaque poteau est un petit appareil (*fig.* 33), qui

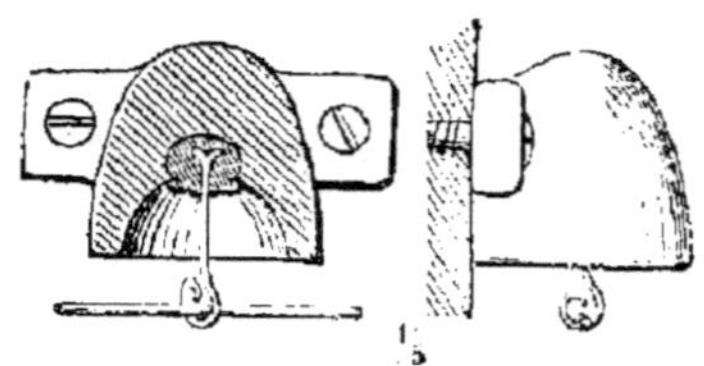

(Fig. 33)

sert à supporter le fil et à l'isoler; il est en porcelaine et a la forme d'une cloche renversée. Il porte deux oreilles au moyen desquelles on le fixe au poteau avec deux vis.

Dans l'intérieur de la cloche est placé un crochet en fer, maintenu par du soufre.

De kilomètre en kilomètre sont placés des appareils pour tendre le fil, appelés *tendeurs*.

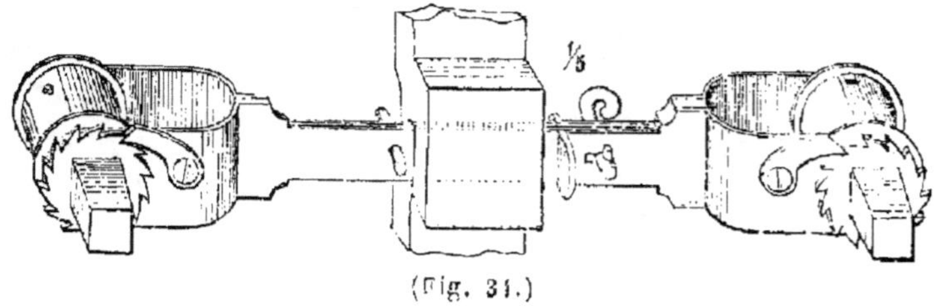

(Fig. 34.)

Ils sont (*fig.* 34) en tôle de fer, et, à chaque extrémité, il y a un treuil avec rochet.

Le milieu est passé dans une pièce en porcelaine (*fig.* 35), et retenu par une cheville.

Cette pièce en porcelaine est fixée au poteau par deux forts boulons. On fait usage de deux formes, comme l'indique la figure ; celle qui porte une cloche s'appelle support tête de mort.

Les cloches, au moyen de leur crochet, servent à sup—

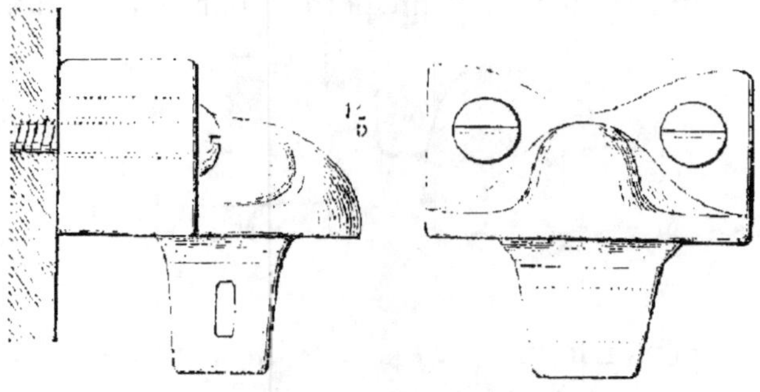

(Fig. 35.)

porter le fil à hauteur convenable ; et les tendeurs à le tendre suffisamment, afin qu'il ne baisse pas trop entre deux poteaux.

Ces supports sont fait en porcelaine, afin d'isoler le fil

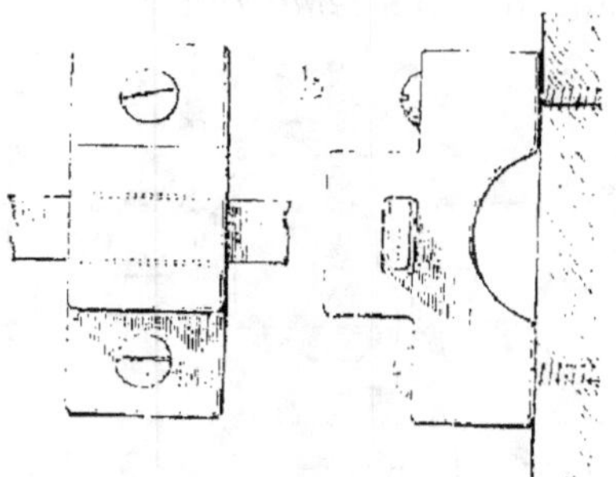

(Fig. 35 bis.)

de tous les points où il est attaché, parce que la porcelaine, comme tous les corps vitrifiés, n'est pas conducteur de l'électricité.

Quand le fil passe le long des bâtiments, ou qu'il doit y

être arrêté, on fait usage de poulies en porcelaine (*fig*. 36), dans lesquelles on passe le fil en les plaçant de champ, ou bien au moyen desquelles on l'arrête en les mettant à plat et les maintenant par une forte vis; on fait faire un tour au fil, puis on contourne l'extrémité qui revient, autour de la partie tendue.

Le fil généralement employé est du fil de fer, de 4 millimètres de diamètre, et galvanisé.

Pour les lignes souterraines, on fait usage de fil de cuivre couvert de gutta-percha, que l'on place de $0^m,50$

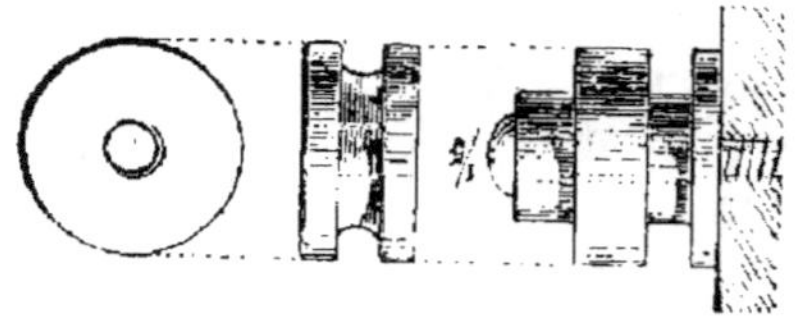

Fig. 36.

à $0^m,60$ dans le sol. Quelquefois ce fil a de plus une couverture en plomb, pour mieux le préserver de l'humidité, si quelques fissures venaient à se faire à l'enveloppe de gutta-percha.

En France, on ne fait usage de ce fil ainsi recouvert qu'exceptionnellement, pour le passage dans les lieux habités, et dans les chemins de fer, pour la traversée des tunnels, qui sont toujours plus ou moins humides.

Nous ne déciderons pas entre les deux systèmes : chacun a ses avantages et ses inconvénients; et comme la télégraphie ne fait que de naître, et surtout le fil couvert de gutta-percha, il faut attendre du temps et de l'expérience les motifs d'un jugement définitif.

TABLE DES MATIÈRES.

TYPOGRAPHIE HENNUYER, RUE DU BOULEVARD, 7. BATIGNOLLES.
Boulevard extérieur de Paris.

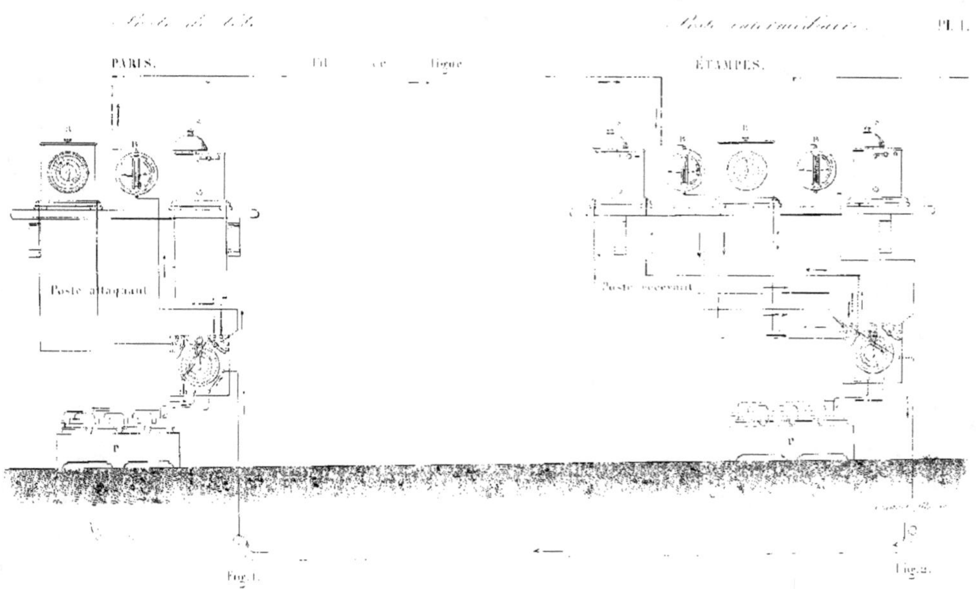

DISPOSITION GÉNÉRALE D'UNE LIGNE TÉLÉGRAPHIQUE.
Poste intermédiaire.
Pl. I.
PARIS.
Fil de ligne
ÉTAMPES.
Poste attaquant
Poste recevant
Fig. 1.
Fig. 2.

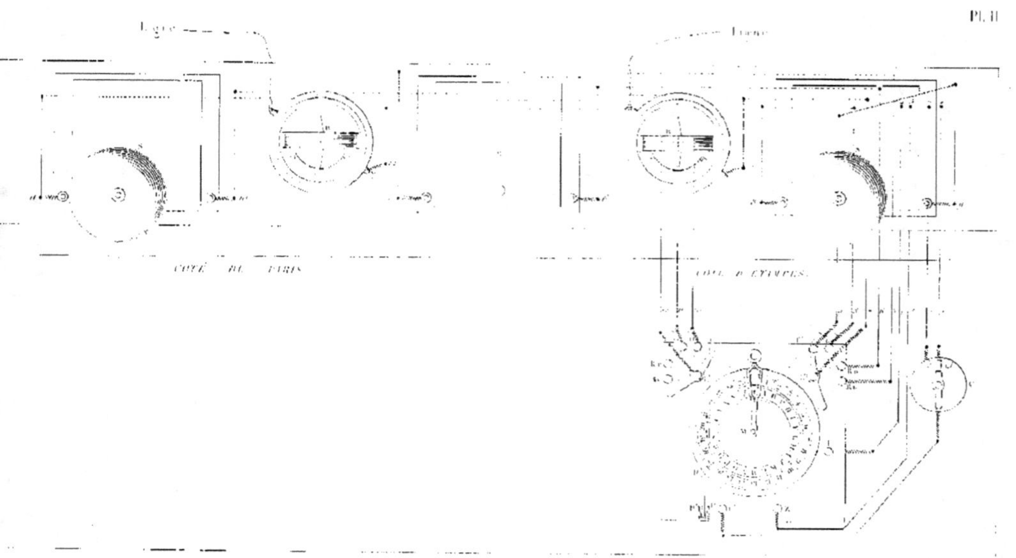
DISPOSITION D'UN POSTE A DEUX DIRECTIONS
Pl. II
Ligne
Ligne
CÔTÉ DE PARIS
CÔTÉ D'ÉTAMPES

A LA MÊME LIBRAIRIE.

ANNALES DES MINES, ou Recueil de mémoires sur l'exploitation des mines et sur les sciences qui s'y rapportent, rédigées sous la direction d'une commission spéciale, composée de MM. Cordier, Dufrénoy, Elie de Beaumont et Combes, inspecteurs généraux des mines, membres de l'Institut ; MM. Thirria, Juncker, Levallois et Marrot, inspecteurs généraux des mines ; M. de Boureuille, inspecteur général, directeur des mines ; M. Le Play, ingénieur en chef des mines ; M. de Sénarmont, ingénieur en chef des mines, membre de l'Institut ; MM. Piérard, de Villeneuve et Couche, ingénieurs en chef des mines ; MM. Delesse et Rivot, ingénieurs des mines, et M. de Cheppe, ancien chef de la division des mines.

Depuis 1832, les *Annales des mines* paraissent régulièrement tous les deux mois, par livraisons ; les six livraisons de l'année réunies forment actuellement trois volumes in-8, avec 25 planches.

Prix de l'abonnement annuel, et de chaque année écoulée, que l'on peut se procurer séparément : pour Paris, 20 fr.; les départements, 24 fr.; l'étranger, 28 fr.

BAZAINE et CHAPERON, *ingénieurs en chef des ponts et chaussées et des chemins de fer d'Alsace.* CHEMINS DE FER D'ALSACE, *leur description complète* : tracé, terrassements, travaux d'art ; ouvrage formant un *ensemble de détails pratiques* pour la construction et l'exploitation des chemins de fer en général. 1 vol. in-4° de texte et de légendes, accompagné d'un bel atlas in-folio demi-jésus de 60 à 70 planches, cotées dans toutes leurs parties. Prix de l'ouvrage complet *pour les souscripteurs.* 45 fr.

On peut se procurer immediatement les 60 planches parues et la légende explicative qui les accompagne. Le complément de l'ouvrage (texte et planches) paraîtra très-prochainement.

DUPUIT, *ingénieur en chef, directeur des ponts et chaussées et du service municipal de Paris.* TRAITÉ THÉORIQUE ET PRATIQUE DE LA CONDUITE ET DE LA DISTRIBUTION DES EAUX, suivi : 1° d'un extrait de l'ouvrage de GENIEYS, *ancien ingénieur en chef du service municipal,* sur l'art de conduire, d'élever et de distribuer les eaux ; 2° de la description des filtres naturels de Toulouse, par d'AUBUISSON, *ancien ingénieur en chef des mines.* 2 parties in-4°, avec un atlas in-folio de 48 planches gravées. Paris, 1854. 45 fr.

SCHILLINGS (A.), *chef de service au chemin de fer d'Orléans.* TRAITÉ PRATIQUE DU SERVICE DE L'EXPLOITATION DES CHEMINS DE FER, à l'usage des agents, etc. 1 vol. in-8°. 3 fr.

SÉGUIN aîné, *ingénieur civil* DE L'INFLUENCE DES CHEMINS DE FER ET DE L'ART DE LES TRACER ET DE LES CONSTRUIRE; ouvrage historique et pratique, divisé en huit parties. 1 fort vol. in-8°. 7 fr. 50 c.

WOOD (Nich.), TRAITÉ PRATIQUE DES CHEMINS DE FER, traduit de l'anglais sur la deuxième édition, avec des notes et additions, par MM. F. de MONTRICHER et E. de FRANQUEVILLE, *ingénieurs en chef des ponts et chaussées,* et H. de RUOLZ. 1 vol. in-4°, et atlas in-folio de 14 planches gravées par Adam. 15 fr.